Beltz Taschenbuch 52

Über dieses Buch:
Helfende oder problemlösende Gesprächsführung kann man nur durch viel Übung lernen. Und nicht selten fühlen sich Menschen in ihrer beruflichen Beratertätigkeit als »hilflose Helfer«, da sich die Kluft zwischen Theorie und Praxis der Beratung nur schwer überbrücken lässt. Hier setzt das Buch des Psychologen und Organisationsberaters Gerard Egan an. Er verbindet gesprächstherapeutische, kognitive und verhaltenstherapeutische Ansätze zu einem Beratungsmodell, das sich in mehrere Schritte gliedert: Von der Problemerkennung, der Selbsterforschung des Klienten über die Entwicklung von Soll-Zuständen und Zielen bis zu deren Umsetzung in der Realität. Dieses Beratungsmodell findet in 68 Übungsabschnitten praktische Anwendung, die einzelnen Übungseinheiten werden erläuternd eingeleitet. Ein wissenschaftlich fundiertes, aber äußerst praxisorientiertes Trainingsprogramm für alle, die im sozialen Bereich beratend arbeiten, das sich zum Selbststudium ebenso eignet wie zum Einsatz in Seminaren.

Der Autor:
Gerard Egan ist Professor für Psychologie an der Loyola-Universität in Chicago und Priester. Er leitet Trainingsprogramme für Berater und Therapeuten und arbeitet als Organisationsberater.

Gerard Egan

Helfen durch Gespräch

Ein Trainingsbuch für helfende Berufe

Aus dem Englischen
von Harry Friedl und Volker Krumm

Mit einer Einführung von
Volker Krumm

BELTZ
Taschenbuch

Titel der amerikanischen Originalausgabe: »Exercises in Helping Skills. A Training Manual to Accompany the Skilled Helper«.

Besuchen Sie uns im Internet:
www.Beltz.de

Beltz Taschenbuch 52
2001 Beltz Verlag, Weinheim und Basel
unveränderter Nachdruck der 3. Auflage 1996

Umschlaggestaltung: Federico Luci, Köln
Umschlagabbildung: © Image bank, Frankfurt
Satz: Satz- und Reprotechnik GmbH, Hemsbach
Druck und Bindung: Druckhaus Beltz, Hemsbach
Printed in Germany

ISBN 3 407 22052 9

Inhaltsverzeichnis

Fünfter Teil
Stufe 3: Handeln – den Soll-Zustand in die Realität umsetzen

Einführung

Die „hilflosen" oder „ausgebrannten" Helfer sind seit einiger Zeit ein viel diskutiertes Thema. Ein Grund für die Frustration der Helfer wird in der Kluft zwischen Theorie und Praxis gesehen, in der Diskrepanz zwischen Anforderungen oder Versprechungen von Theorien, die den helfenden Berufen im psycho-sozialen Feld zugrunde liegen, und der Möglichkeit, den Anforderungen im Alltag zu entsprechen. Wenn praktisches Handeln erfolglos ist, wird das oft der Theorie angelastet. Eine Folge davon ist die Abwendung der Praktiker von Theorie und Wissenschaft, ihr Übertritt zu neuen Theorien oder die Entwicklung neuer subjektiver oder objektiver Theorien (Krumm 1986, 1988).

In anderen Lebensbereichen stellt sich das Problem der Kluft zwischen Theorie und Praxis auch. Nirgends aber dürfte die Bereitschaft so selbstverständlich sein, im Falle von Mißerfolgen des Handelns die Mißerfolge der Theorie anzulasten wie im Feld der pädagogischen oder psycho-sozialen Arbeit. Vielleicht wird im Bereich des Verkehrs die Ursache von Unfällen zunächst in technischen Mängeln gesucht – gefunden wird sie in 95% aller Fälle in menschlichem Versagen. Selbst dort, wo der Unfall auf einen technischen Fehler zurückzuführen ist, liegt diesem fast ausnahmslos menschliches Versagen bei der Herstellung oder Überprüfung des Fahrzeugs zugrunde und nicht ein Fehler in der Theorie, auf der die Konstruktionspläne gründen.

Natürlich haben die Theorien, an denen sich die helfenden Berufe orientieren, noch nicht den Bewährungsgrad jener Theorien, auf denen z.B. die Technik aufbaut. Ich meine allerdings, sie sind beträchtlich besser als ihr Ruf bei den Praktikern ist. Und deshalb meine ich, daß die Hilflosigkeit oder der Mißerfolg der Helfer viel weniger als angenommen, in unzulänglichen Theorien begründet ist, als in deren unzulänglicher Anwendung.

Konkreter: Wer sich für einen helfenden Beruf ausbilden läßt, beschäftigt sich – oder muß sich beschäftigen – relativ viel zu viel mit (relativ guter) Theorie und relativ viel zu wenig mit der Frage der Übersetzung der Theorie in das konkrete Handeln: er übt nicht. Je

wissenschaftlicher der Ruf einer Ausbildungsinstitution ist, desto mehr gleicht die Ausbildung dort der eines Menschen, der Autofahren, Bergsteigen oder Klavierspielen nur durch Lesen und Diskutieren gescheiter Bücher lernen will.
Die starke Vernachlässigung der Einübung in das praktische Handeln oder Problemlösen zugunsten der Beschäftigung mit Texten hat drei bemerkenswerte Folgen:

1. – und das wurde schon angedeutet –, Praktiker schätzen den Wert ihrer theoretischen Ausbildung für ihre praktische Arbeit nur gering ein. Da sie die Übersetzung meist nicht reflektiert vornehmen, sondern entweder in der Praxis nachmachen, was sie vorfinden oder ihren subjektiven Theorien folgen, meinen sie, der Praxis fast alles, der Theorie fast nichts zu verdanken (Cohen 1979; Rosenblatt 1968).
2. Das Handeln der Praktiker in helfenden Berufen des pädagogischen oder psycho-sozialen Bereichs hat deshalb oft keine oder nur eine geringe Beziehung zu der angeblichen theoretischen Schule, in der die Praktiker ausgebildet sind. Praktiker, die sich angeblich an derselben Theorie orientieren, unterscheiden sich in ihrem Handeln oft stark, und Praktiker, die sich angeblich verschiedenen theoretischen Traditionen verpflichtet fühlen, unterscheiden sich in ihrem Berater- oder Therapieverhalten oft nicht voneinander (Rosso/Frey 1973; Lieberman u.a. 1973).
3. Schließlich: Die Analyse einer großen Zahl von Untersuchungen – sogenannte Metaanalysen – zeigt, daß hochqualifizierte Experten in ihrer Beratungspraxis nicht erfolgreicher sind als Laien (Hattie u.a. 1984).

Vor allem der letzte Befund stützt die Annahme, daß ein großer Teil der Helfer sich ihr Helferverhalten in der Praxis selbst einübt und daß die Erfolgreichen dabei jenes Verhalten aufbauen, das sich bei jedem erfolgreichen Helfenden oder Ratenden finden läßt, welcher theoretischen Schule auch immer er entstammt: Es ist jenes Verhalten, das durch den Erfolg herausgeformt und aufrechterhalten wird.

Gerard Egan (1984, 13) kennzeichnet dieses Verhalten erfolgreichen Beratens oder Helfens folgendermaßen:

- „Biete dem Menschen eine Beziehung, in der er sich ganz frei mit seinen Problemen auseinandersetzen kann;

- hilf ihm dann, das Problem objektiv zu sehen und die Notwendigkeit zu handeln zu begreifen;
- hilf ihm schließlich zu handeln."

Dieses rudimentäre Modell erfolgreichen Helferverhaltens bzw. die sich aus ihm ergebenden Verhaltensweisen, entwickelt Gerard Egan (1975) in seinem Lehrbuch „The Skilled Helper" – deutsch: „Der fähige Helfer" 1979 und „Helfen im Gespräch" 1984 (vergriffen). Damit das explizierte, differenzierte Modell möglichst leicht verständlich und in Handeln übersetzbar wird, versieht Egan es mit vielen anschaulichen Bezügen zur (sozial-)pädagogischen, therapeutischen, seelsorgerischen, medizinischen ... Beratungspraxis.
Doch Egan begnügt sich nicht damit. Weil man beraten letztlich nur lernen kann, wenn man berät, läßt er seinem Lehrbuch eine Aufgabensammlung folgen. Das vorliegende Buch ist die Übersetzung dieser Sammlung von Übungen. Wer nicht nur verstehen will, worauf es im Beratungsprozeß ankommt, sondern beraten lernen und die Stärken und Schwächen in seinem Gesprächsverhalten entdecken will, dem gibt dieses Trainingsprogramm mannigfache Hilfe.
Das Trainingsprogramm gründet auf dem Beratungsmodell, das in dem Lehrbuch „The Skilled Helper" anschaulich dargestellt und wissenschaftlich abgesichert wird. Das Modell hier vorzustellen ist nicht nötig – weil es im ersten Teil dieses Übungsbuches zusammengefaßt ist (S. 23ff.).

Merkmale dieses Modells sind:

- Es ist eklektizistisch. Egan vereint gesprächstherapeutische, kognitive und verhaltenstheoretische Ansätze. Es ist primär am ratsuchenden Menschen orientiert und erst an zweiter Stelle am Problem, dessentwegen der Hilfesuchende kommt – insofern ist es „humanistisch".
- Es ist wissenschaftlich fundiert. Bei seiner wissenschaftlichen Fundierung orientiert sich Egan an „harten" empirischen Forschungsergebnissen – nicht nur zu den genannten Ansätzen, sondern darüber hinaus generell an Ergebnissen kommunikationstheoretischer und sozialpsychologischer Forschung.
- Es wendet sich an Vertreter aller helfenden Berufe: an Experten und Laien, an Helfer und Berater im engeren Sinne (Therapeuten, Pädagogen, Krankenschwestern, Seelsorger etc.), an Helfer und Berater im weiteren Sinn (Rechtsanwälte, Steuerberater etc.) und

schließlich an alle, die an erfolgreicher Kommunikation interessiert sind.

Entsprechend ist der Text auch für Laien verständlich, auch weil er mit einer Fülle praktischer Fälle und deren Analyse versehen ist – viele aus der eigenen Praxis Egans.

Die Aufgaben und Übungen geben Gelegenheit, das Beratungsmodell in Beratungsverhalten zu übersetzen. Dazu hat Egan das Konzept des erfolgreichen Beratungsverhaltens in Teilleistungen gegliedert und diese zu 68 Übungen (jeweils mit vielen Einzelaufgaben) formuliert. Das Inhaltsverzeichnis gibt hierzu einen schnellen und informativen Überblick.

Die Aufgabensammlung gründet auf dem Modell; dennoch ist die Lektüre des Lehrbuches von Egan nicht unabdingbar zur ergiebigen Bearbeitung der Aufgaben. Wie angedeutet, kann man Egans Modell als differenzierte und wissenschaftlich fundierte Explikation des Verhaltens eines jeden erfolgreichen Helfers oder Beraters ansehen – welcher Theorietradition auch immer er verpflichtet ist.

Vielleicht werden Puristen bestimmter Schulen dieser These nicht sofort zustimmen. Beim „dritten" Blick oder Nachdenken können sie aber vielleicht doch eine gewisse Bereitschaft dafür aufbringen anzuerkennen, daß in jedem Beratungsprozeß Erleben, Denken und Handeln des Hilfesuchenden so beeinflußt werden, daß er nach erfolgreicher Kommunikation mit dem Helfer anders erlebt, denkt und damit auch handelt als zu jener Zeit als er kam, um Hilfe zu suchen – selbst wenn anderes Handeln nicht explizit im Programm des betreffenden Ansatzes steht.

Und ferner ist die Lektüre des Lehrbuchs nicht erforderlich, weil den einzelnen Übungen erläuternde Einleitungen vorausgehen. Da sich Egans Schriften weitgehend der Sprache einer bestimmten Theorie oder Schule enthalten, sind sie allgemein verständlich beziehungsweise von Vertretern bestimmter Ansätze leicht in die eigene Sprache übersetzbar und in das eigene Modell einzubinden.

Es scheint mir allerdings nicht ratsam zu sein, die Übungen ohne irgendeine begleitende theoretische Lektüre durchzuarbeiten (Weinberger [4]1990, Weisbach/Eber-Götz/Ehresmann 1979, Muchielli 1972). Handeln ohne theoretische Reflexion ist ebenso fragwürdig wie die heute (vor allem an Universitäten) vorherrschende Tradition des Reflektierens ohne praktische Übersetzungsanstrengungen und Bewährungsprüfungen.

Ich möchte zum Schluß allen danken, die dazu beigetragen haben, daß das Trainingsprogramm erscheinen konnte: zuerst Harry Friedl und

Maria Fussi, die beim Übersetzen halfen. Dann meinen Mitarbeitern Hermann Astleitner und Günther Haider, die bei der Gestaltung der ersten Seminare, in die die Übungen eingebunden wurden, und deren Evaluierung mitarbeiteten. Schließlich danke ich Richard Grübling und Ute Bachmann, die die Übersetzung verbessern halfen, und damit dem Beltz Verlag. Er machte es möglich, daß die Übungen auch außerhalb Salzburgs erprobt werden können.

Salzburg, im September 1989 Volker Krumm

Literatur

Cohen, L.: The Research Readership and Information Source Reliance of Clinical Psychologists. In: Professional Psychology 1979, 780–785

Egan, G.: The Skilled Helper – A Systematic Approach to Effective Helping. Montery 1987 (4. Auflage). Deutsch: Der fähige Helfer. Grundformen helfender Beziehung. Burckhardthaus-Laetare, Gelnhausen/Berlin/Sein 1979. Und als Lizenzausgabe: Helfen durch Gespräch. Psychologische Beratung in Therapie, Beruf und Alltag. Rowohlt Taschenbuch, Reinbek bei Hamburg 1984

Hattie, J.A. u.a.: Comparative Effectivness of Professional and Paraprofessional Helpers. In: Psychological Bulletin 1984, 534–541

Krumm, V.: Der Beitrag der Erziehungswissenschaft zur Entstehung der Kluft zwischen Theorie und Praxis. In: Eckerle, G.A. und J.-L. Patry (Hrsg.): Theorie und Praxis des Theorie-Praxis-Bezugs in der empirischen Pädagogik. Baden-Baden 1987, 17–40

Krumm, V.: Die sogenannte Kluft zwischen Theorie und Praxis. In: Eckerle, G.-A. (Hrsg.): Probleme der Anwendung pädagogischer Forschung. Was fangen wir mit erziehungswissenschaftliche Forschungsergebnissen an. Gesellschaft zur Förderung Pädagogischer Forschung, Materialien Nr. 19 (DIPF, Frankfurt) 1988, 7–24

Liebermann, M.A. u.a.: Encounter Groups: First Facts. New York 1973

Mucchielli, R.: Das nicht direktive Beratungsgespräch. Otto Müller, Salzburg 1972

Rosenblatt, A.: The Practitioner's Use and Evaluation of Research. In: Social Work 1968, 53–59

Rosso, S.M., Frey, D.N.: An Assessment of the Gap between Counseling Theory and Practice. In: Journal of Counseling Psychology 1973, 4–71–476

Weinberger, S.: Klientenzentrierte Gesprächsführung. Eine Lern- und Praxisanleitung für helfende Berufe. Beltz, Weinheim ^{4}1990

Weisbach, Chr./M. Eber-Götz/S. Ehresmann: Zuhören und Verstehen. Eine praktische Anleitung mit Übungen. Rowohlt Taschenbuch, Reinbek bei Hamburg 1979

Zum Einsatz der Übungen in der Beraterausbildung

Volker Krumm

Wie können die Übungen ergiebig im Rahmen der Beraterausbildung eingesetzt werden? Egan gibt darüber keine Auskunft.
Für den Interessenten an den Aufgaben ist es daher vielleicht von Nutzen, wenn ich die ersten Versuche schildere, die Übungen in die Beraterausbildung einzubinden, und welche Erfahrungen ich damit machte.
In dreistündigen Seminaren versuchte ich folgendes zu erreichen:

1. Eine Einführung in ein Konzept der Gesprächsführung für Berater. Als Basislektüre wählte ich Egans: Helfen im Gespräch. Rowohlt Taschenbuch, Reinbek bei Hamburg 1984. Wie in der Einführung erwähnt, hätten es jedoch auch andere Texte sein können, die in das Beraterhandeln einführen.
2. Eine Einübung in Gesprächsführungsverhalten: Die Basis hierfür war die vorliegende Aufgabensammlung von Egan.

Um diese Ziele in einem Semester unterzubringen, gliederte ich den Stoff in die Zahl der (dreistündigen) Sitzungen und ordnete den jeweiligen Übungen die entsprechenden Theorieabschnitte zu.
Die Ziele pro Sitzung wurden in Einzelarbeit, Kleingruppenarbeit außerhalb und innerhalb des Seminars sowie im Plenum angestrebt.

- Gegenstand der Einzelarbeit daheim war die gründliche Lektüre des Lehrbuchs und die Bearbeitung der entsprechenden Übungen.
  In der Vorbereitungswoche sollten die Studenten zusätzlich „Lifebeobachtungen“ und „Lifeexperimente“ in Gesprächssituationen durchführen und dazu ein Protokoll anfertigen. Es ging hierbei darum, eigenes oder fremdes Gesprächsverhalten unter dem Gesichtspunkt der erworbenen Kategorien zu beobachten oder mit sich zu „experimentieren“, d.h. zu versuchen, bestimmte erwünschte Gesprächsverhaltensweisen auszuprobieren und die Auswirkungen auf den Partner zu beobachten.

- Gegenstand der Kleingruppenarbeit außerhalb der Universität war die gemeinsame Reflexion und Diskussion der Ergebnisse aus der Einzelarbeit.
- Gegenstand des Plenums war eine zwanzigminütige Wiederholung und Diskussion des anstehenden theoretischen Teils.
- Gegenstand der sich dem Plenum anschließenden Kleingruppenarbeit waren der Austausch und die Diskussion der schriftlichen Übungsbearbeitungen sowie Rollenspiele. (Die Kleingruppen im Rahmen der Seminararbeit waren nicht identisch mit den Kleingruppen außerhalb der Universität).
- Jede Seminarsitzung schloß mit einem kurzen Plenum, in dem die Erfahrungen in den Kleingruppen reflektiert und die Konsequenzen für die kommende Sitzung besprochen wurden.

Merkmale des Seminars waren somit:

- Reduktion der Theoriearbeit zugunsten der Übungen in dem Seminar. Es wurde unterstellt, daß Studenten keine Hilfe benötigen, um einen Text zu verstehen, jedoch Partner brauchen, die ihnen ein Feedback zu ihren schriftlichen und praktischen Übungen geben.
- Verlagerung des größeren Teiles der Arbeiten in die Vorbereitung daheim bzw. in die Kleingruppen außerhalb der Universität.
- Schriftliche Bearbeitung aller Übungen, die sich auf verbales Verhalten beziehen, weil nur anhand des Austausches der schriftlichen Antworten präzis darüber reflektiert werden kann, welche, im Sinn der Kriterien, die „beste" zu sein scheint.
- möglichst viele Rollenspiele. (Egans Übungen enthalten direkt relativ wenig Rollenspiele. Viele seiner Übungen lassen sich jedoch leicht zu Rollenspielen umwandeln). Dabei wurde darauf Wert gelegt, daß als Thema des Rollenspieles eigene Probleme gewählt werden und nicht etwa die Fälle, die das Übungsbuch bietet.

Wie haben die Studenten die Seminarstruktur beurteilt? Um hierüber Auskunft zu erhalten, habe ich den 15 Teilnehmern am Ende jeder Sitzung den in Abbildung 1 abgebildeten Fragebogen ausfüllen lassen. In Abbildung 1 sind auch die Mittelwerte eingetragen. Insgesamt zeigen die Rückmeldungen, daß die arbeitsaufwendige Veranstaltung akzeptiert wurde. Fast alle Urteile liegen über dem Skalenmittelwert. Nur die Zeit wurde als nicht ausreichend beurteilt, – und das ist letztlich positiv zu beurteilen.

Abbildung 1: Die heutige Seminarsitzung

	sehr — mittel — gar nicht
1. Wie nützlich war sie?	1 — 2 — 3 — 4 — 5
2. Wie anregend/interessant?	1 — 2 — 3 — 4 — 5
3. Wie verständlich?	1 — 2 — 3 — 4 — 5
4. Wie wichtig?	1 — 2 — 3 — 4 — 5
5. Wie anstrengend?	1 — 2 — 3 — 4 — 5
6. Sind Sie mit der Seminarleitung zufrieden?	1 — 2 — 3 — 4 — 5
7. War das Seminar gut geplant?	1 — 2 — 3 — 4 — 5
8. Wie gut war das Seminar gegliedert?	1 — 2 — 3 — 4 — 5
9. Wie wohl haben Sie sich gefühlt?	1 — 2 — 3 — 4 — 5
10. Wie ausreichend war die Zeit?	1 — 2 — 3 — 4 — 5
11. Wie gut war das Gruppenklima?	1 — 2 — 3 — 4 — 5
12. Wie engagiert haben Sie heute mitgemacht?	1 — 2 — 3 — 4 — 5
13. Wie engagiert haben die anderen in Ihrer Gruppe mitgemacht?	1 — 2 — 3 — 4 — 5
14. Wie sehr sind Sie heute auf die nächste Sitzung gespannt?	1 — 2 — 3 — 4 — 5
15. Waren Sie mit dem Leiter Ihrer Gruppe zufrieden?	1 — 2 — 3 — 4 — 5
	sehr viel — mittel — gar nicht viel
16. Wieviel haben Sie heute gelernt?	1 — 2 — 3 — 4 — 5
17. Wie beurteilen Sie das zeitliche Verhältnis von Plenumsarbeit zu Gruppenarbeit?	viel zuviel Plenum ☐ 0%
	etwas zuviel Plenum ☐ 20%
	gerade richtig ☐ 70%
	etwas zuviel Gruppe ☐ 9%
	viel zuviel Gruppe ☐ 1%
18. Wie beurteilen Sie das zeitliche Verhältnis von praktischer Atbeit zu theoretischer Reflexion?	viel zuviel Theorie ☐ 0%
	etwas zuviel Theorie ☐ 6%
	gerade richtig ☐ 77%
	etwas zuviel Praxis ☐ 17%
	viel zuviel Praxis ☐ 0%

Die Urteile der Seminarteilnehmer (n = 15) über die Veranstaltung

Bedeutsamer sind im vorliegenden Zusammenhang jedoch die Urteile der Studenten über die einzelnen Übungen. Abbildung 2 gibt die Urteile der Studenten zu 7 Themen an.
Die überwiegende Mehrzahl der 48 beurteilten Items wurde wiederum mit Urteilen in der positiven Hälfte bei 6 der 7 vorgegebenen Skalen bedacht. Lediglich bei dem Kriterium „anstrengend“ liegt der Mittelwert häufiger in der negativen Hälfte. Die Studenten beurteilen die Übungen eher als „(ein wenig) anstrengend“ – aber sonst eher als „nützlich“, „wichtig“, „interessant“, „gut verständlich“, „anderen zu empfehlen“, und fast immer äußerten sie, „es wurde etwas dabei gelernt“. Da der Urteilstrend über die Aufgaben hinweg unverändert bleibt, ist anzunehmen, daß die restlichen 20 Übungen kaum anders beurteilt worden wären (8 wurden nicht beurteilt, 12 fielen der Zeitknappheit zum Opfer). Auf den Anregungswert der Übungen läßt auch schließen, daß alle Studenten angaben, sie hätten bestimmte Fertigkeiten in Alltags-Gesprächssituationen ausprobiert. Die wöchentliche Aufgabe, anhand der Kriterien von Egan eigenes oder fremdes Kommunikationsverhalten zu beobachten und mit eigenem Gesprächsverhalten zu „experimentieren“, wurde von den Studenten als sehr ergiebig beurteilt. Den Aussagen der Studenten zufolge, haben sie zu vielfältigen „Aha-Erlebnissen“ geführt.
Von der Kritik der Studenten in den Aussprachen über die zwei Seminare scheint mir hier zweierlei von allgemeinerem Interesse: Manche Übungsfälle seien zu abwegig, und die Übungsfälle seien oft so knapp formuliert, daß man nicht in der Lage sei zu beurteilen, was denn nun wirklich die richtige Beraterreaktion sei.
Selbst wenn der erste Einwand an sich richtig wäre, er scheint mir im Blick auf den Zweck des Trainingsbuches irrelevant. Die Aufgabe des Beraters ist es, auf das, was immer ihm als Problem vorgetragen wird, so zu reagieren, daß er zusammen mit dem Hilfesuchenden einer Lösung näher kommt. Unter diesem Aspekt stellen gerade die überraschenden, irritierenden oder unvollständigen Fälle eine gute Übungsherausforderung dar.
Der zweite Einwand geht von einer falschen Voraussetzung aus. Soweit in den Übungen kleine Problemsituationen vorgegeben werden, geht es dabei nicht darum, diese zu lösen, sondern mit ihrer Hilfe das eigene Beraterverhalten hinsichtlich des jeweils anstehenden Kriteriums zu überprüfen. Ob die Beraterreaktion richtig ist, kann natürlich nur im Blick auf das betreffende Kriterium beurteilt werden. In diesem Zusammenhang erwies sich die Analyse und die Diskussion der schriftlich formulierten „besten“ Antworten in der Seminarkleingruppe als sehr ergiebig.

Abbildung 2: Die Urteile der Seminarteilnehmer (n = 15) über die Veranstaltung

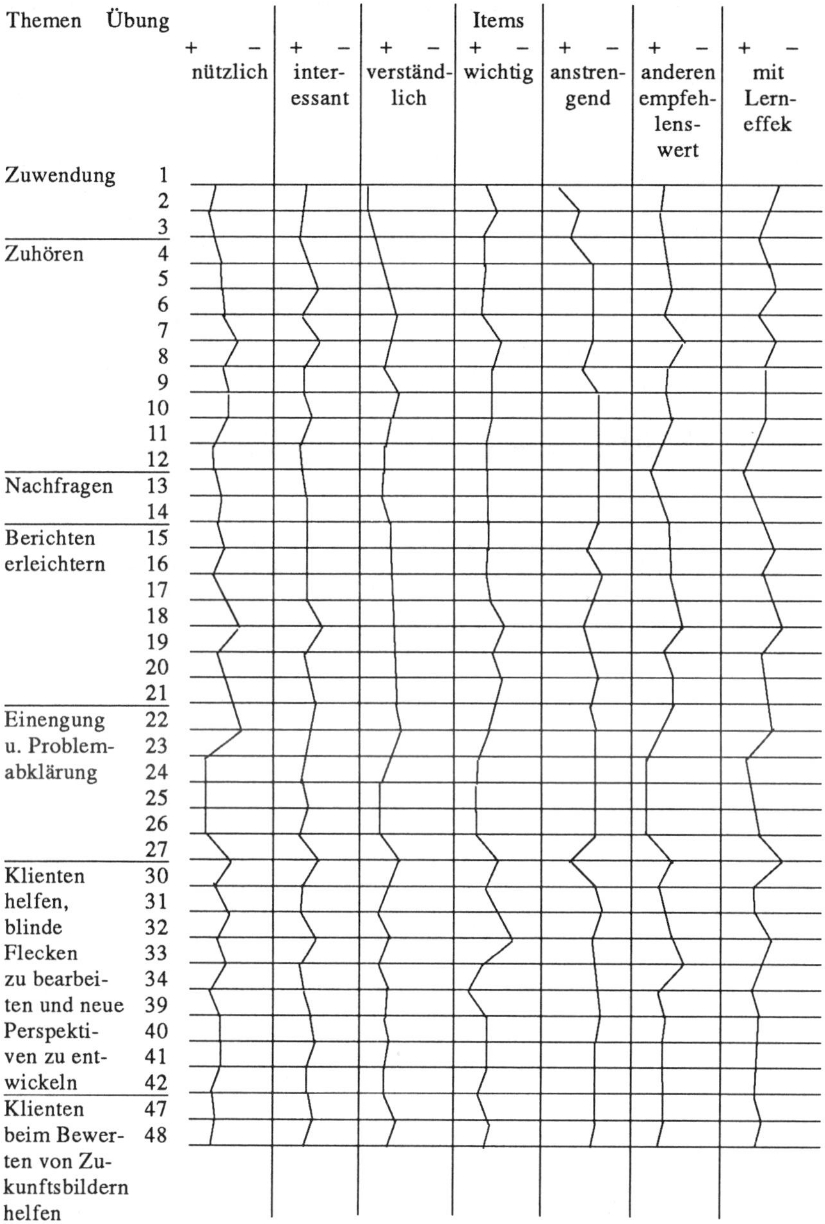

Natürlich ist das wichtigste Kriterium die Reaktion des Klienten auf das Beraterverhalten. Um dieses Kriterium heranzuziehen, wurden Rollenspiele eingesetzt und „Lifeexperimente" angeregt. Die Urteile der Studenten hierüber sind noch besser als jene über die Papier- und Bleistiftübungen und deren Analyse. Letztere scheinen mir allerdings als Übungen zum Erkennen lernen auch kleinster Unterschiede unumgänglich.

Die übrige Kritik der Studenten bezog sich auf die Seminarmerkmale. Hiervon ist im vorliegenden Zusammenhang nur von Interesse, daß die Übungen in einer dreistündigen Semesterveranstaltung nicht befriedigend bewältigt werden können und daß sich die Übungen zum bloßen Selbststudium für Anfänger wenig eignen.

In dem zweiten Versuch wurden die Studenten deshalb aufgefordert, von jeder Übung nicht alle, sondern nur soviel Teilaufgaben zu bearbeiten, bis sie glauben, die damit verbundene Teilfertigkeit zu beherrschen. Außerdem wurden – im Unterschied zum ersten Versuch – in den Seminarkleingruppen alle „Hausaufgaben" reflektiert und diskutiert.

Die beiden bisherigen Versuche zeigen: Um erfolgreich beraten zu lernen, um im Gespräch wirklich helfen zu können, muß der durchschnittliche Student mehr Zeit aufwenden als nur drei, fünf oder sieben Semesterwochenstunden. Auch der Umfang des Trainingsbuches von Egan und die Vielfalt der Übungen deuten es an.

Erster Teil
Einführung

Die Übungen in diesem Buch dienen mehreren Zwecken:

(1) Sie können zu einem **stärker handelnden** als bloß verstehenden Zugriff zu Prinzipien, Fertigkeiten und Methoden verhelfen, die Beratungsmodelle erst zu brauchbaren Werkzeugen werden lassen.
(2) Sie können Ihnen helfen, Ihre eigenen Stärken und Schwächen als Berater zu erkunden, denn sie sind so angelegt, daß Sie das Beratungsmodell zuerst **an sich selbst** und danach erst an anderen ausprobieren. Somit können Sie jene Ihrer Kompetenzen stärken, die Sie zu einem wirkungsvollen Umgang mit Klienten befähigen. Andererseits können Sie Ihre Schwächen erkennen und bewältigen, die Sie behindern, Klienten zu helfen, mit ihren Problemen fertigzuwerden.
(3) Sie können Klienten dazu motivieren, diese Übungen eigenständig durchzuführen, um ihre Probleme selbst zu erforschen und zu bewältigen. Die Übungen stellen einen Weg dar, wie man die aktive Teilnahme von Klienten am Beratungsvorgang fördern kann.
(4) Sie können Klienten darin unterstützen, sich mittels dieser Übungen Strategien zur Problemlösung selbst anzueignen. Diese Art von „Ausbildung-als-Behandlung" kann das Bewußtsein der Selbstverantwortlichkeit des Klienten steigern und ihn unabhängiger von anderen Menschen werden lassen.

Ein Trainingsprogramm

Im folgenden sind die Standardschritte des Trainingsprogramms aufgeführt:
(1) Zuerst müssen Sie eine bestimmte Fertigkeit oder Beratungsmethode **verstanden** haben. Das können Sie durch das Lesen des Textes oder durch Vorlesungen darüber erreichen.

(2) **Klären und festigen** Sie dann das Gelesene oder Gehörte. Stellen Sie Fragen und diskutieren Sie es.
Zielsetzung von Schritt 1 und 2 ist **Klarheit des Verstehens.**
(3) Beobachten Sie erfahrene Berater bei der **Anwendung** einer Fertigkeit oder Methode. Das kann „live" erfolgen oder anhand von Filmen bzw. Video-Bändern.
(4) **Wenden Sie** das Gelesene und Beobachtete **selbst an.** Anfangs wird Ihnen der Ausbilder noch dabei Hilfestellung leisten. Wichtig ist dieser Schritt, um prüfen zu können, ob Sie die Gesprächsführung oder die Beratungsmethode soweit verstanden haben, daß Sie beginnen können, sie zu praktizieren.
Zielsetzung von Schritt 3 und 4 ist **Klarheit des Handelns.**
(5) Bilden Sie kleinere Gruppen, um die einzelnen Fertigkeiten und Methoden mit anderen Seminarteilnehmern zu **üben.**
(6) **Bewerten** Sie Ihr eigenes Verhalten in diesen Sitzungen und lassen Sie sich **Feedback** vom Ausbilder und von anderen Teilnehmern als **Verstärkung** Ihres richtigen Verhaltens und zur **Korrektur** Ihres Fehlverhaltens geben. Die Verwendung von Videoaufzeichnungen ist sehr hilfreich.
(7) Legen Sie schließlich von Zeit zu Zeit Pausen ein und **überdenken Sie den Übungsverlauf.** Teilen Sie anderen bei dieser Gelegenheit mit, wie Sie damit zurechtkommen und wie Sie mit Ihrem eigenen Weiterkommen zufrieden sind.

Während die Schritte 1 bis 6 mit den **Aufgaben der Gruppe** zu tun haben, dient Schritt 7 der Verarbeitung, das heißt es geht dabei um die **Gefühle und Bedürfnisse einzelner Teilnehmer.** Eine gründliche Verarbeitungsphase ist besonders förderlich für das Entstehen einer guten Lerngruppe.
Mit Hilfe des Buches können Sie die Fertigkeiten und Methoden zuerst allein üben, bevor Sie sie mit anderen zusammen ausprobieren. Die Übungen bilden eine Brücke zwischen der Einführung in Fertigkeiten/Methoden, wie sie in den ersten vier Schritten dieses Trainingsmodells beschrieben werden, und deren praktischen Anwendung.

Die Stufen und Schritte des Beratungsprozesses

Die hier vorgestellten Übungen sind in drei Stufen und neun Schritte des Beratungsprozesses („helping process") gegliedert:

1. Stufe: Den Ist-Zustand erforschen

Erst wenn ein Klient seine Problemlage erkennt und sie versteht, kann er sich mit ihr auseinandersetzen und ungenutzte Möglichkeiten entwickeln. Exploration sowie Klärung von Problemen und Möglichkeiten finden auf der 1. Stufe statt. Diese setzt sich mit dem Ist-Zustand auseinander, das heißt mit jenen Problemlagen oder ungenutzten Möglichkeiten, deretwegen die Klienten Hilfe suchen. Die 1. Stufe umfaßt folgende Schritte:

1. Schritt: **Die Klienten ermutigen, über sich zu berichten.**

In erster Linie müssen Klienten von sich erzählen. Manchen fällt das leichter, manchen schwerer. Sie müssen ein Repertoire an **Verhaltens- und Kommunikationsfertigkeiten** entwickeln, das Sie befähigt, Klienten zu helfen, ihre Probleme zu offenbaren und ihre ungenutzten Fähigkeiten zu wecken. Sie sollen Hilfestellung bieten, damit Klienten selbst herausfinden, was in ihrem Leben falsch läuft **und** was richtig läuft. Eine erfolgreiche Unterstützung hilft den Klienten sowohl ihre Probleme als auch ihre Hilfsquellen zu erkennen.

2. Schritt: **Den Klienten helfen, sich auf ihre wichtigen Anliegen zu konzentrieren.**

Das bedeutet, den Klienten zu helfen, ihre eigentlichen Interessen zu **entdecken**, zu untersuchen und zu klären. Effektive Berater helfen Klienten an zentralen Problemen zu arbeiten, an Problemen, die für ihr Leben eine **Schlüsselfunktion** haben. Sie helfen den Klienten auch, über ihre Probleme in Form von **konkreten** Erfahrungen, Verhaltensweisen und Gefühlen zu sprechen.

3. Schritt: **Den Klienten bei der Entwicklung neuer Perspektiven helfen.**

Das bedeutet, Klienten zu helfen, **blinde Flecken** zu bearbeiten, so daß sie sich selbst, ihre Interessen und den Kontext ihrer Interessen objektiver wahrnehmen können. Das befähigt die Klienten, sowohl ihre Probleme und ungenutzten Möglichkeiten klarer zu sehen als auch zu erkennen, wie sie sich ihr Leben wünschen.

2. Stufe: Einen Soll-Zustand entwickeln

Wenn Klienten erst einmal ihre Problemlagen oder Entwicklungsmöglichkeiten besser verstehen, werden sie möglicherweise Hilfe brauchen, um festzustellen, was sie gerne ändern würden. Sie müssen einen Soll-Zustand entwerfen, das Bild einer besseren Zukunft. Zum Beispiel könnte man einem Arbeitslosen helfen, sich passende Jobs vorzustellen.

4. Schritt: **Ein Zukunftsbild entwerfen**

Da der Ist-Zustand inakzeptabel ist, muß dem Klienten geholfen werden, eine neue Lebensperspektive zu entwickeln.
In der Eheberatung würde ein solches Zukunftsbild unter den Oberbegriff „bessere Ehe" fallen. Mögliche Elemente dieser besseren Ehe könnten in mehr gegenseitigem Respekt, weniger Streitereien und besserer Konfliktbewältigung liegen, oder darin, daß man zu grollen aufhört oder außereheliche Abenteuer bleiben läßt. Das Zukunftsbild stellt für den Klienten ein mögliches **Ziel** dar.

5. Schritt: **Zukunftsbilder bewerten**

Wenn Zielvorstellungen zu Handlungen führen sollen, müssen sie klar sein, spezifisch, realistisch und mit der Problemsituation in Bezug stehen. Darüber hinaus müssen sie in Einklang mit den Wertvorstellungen des Klienten stehen und in einem vernünftigen Zeitraum realisierbar sein. Viele Klienten brauchen hierbei Hilfe.

6. Schritt: **Ziele auswählen und zum Engagement ermutigen**

Manche Klienten brauchen Hilfe, damit sie Ziele verbindlich wählen und sich für diese einsetzen können. Die Helfer sind allerdings nicht für das Engagement der Klienten verantwortlich, doch sie können ihnen auf der Suche nach **Anreizen** sich zu engagieren behilflich sein.

3. Stufe: Den Soll-Zustand in die Realität umsetzen

Schließlich müssen Klienten etwas unternehmen, um ihre Probleme im Leben in den Griff zu bekommen und ungenutzte Potentiale zu entwickeln. Das Zukunftsbild, in konkreten und realistischen Zielen formuliert, gibt an, **was** der Klient erreichen will. Doch wird der

Klient Hilfestellung benötigen; man muß ihm zeigen, **wie** er diese Ziele erreichen kann.

7. Schritt: **Handlungsstrategien entwickeln**

Sie können Ihren Klienten bei der Entdeckung einer Vielzahl von Wegen und Mitteln zur Erreichung ihrer Ziele helfen. Oft haben Klienten wenig Phantasie; sie sehen nur einen Weg, um ihr Ziel zu erreichen.

8. Schritt: **Einen Plan formulieren**

Wenn Klienten erst einmal zur Entscheidung über Strategien verholfen wurde, die zu ihrem Wesen, ihren Möglichkeiten und ihrer Umgebung **am besten passen**, dann müssen Sie diese Strategien in einem **Plan** zusammenfassen. Ein Plan gibt genau an, was der Klient wann zu tun hat.

9. Schritt: **Handlung – die Ausführung des Plans**

Klienten brauchen oft sowohl die Unterstützung als auch die Herausforderung des Helfers, um Pläne in die Tat umzusetzen. Berater können den Klienten auch helfen, ihre eigenen Fortschritte zu überwachen.
Die Stufen und Schritte des Beratungsprozesses sind im folgenden graphisch illustriert (Abbildung 3), sie sind auf eine kompakte, geradlinige Weise dargestellt. Doch wie Sie bald aus Erfahrung lernen werden, ist Helfen nicht so einfach, geradlinig und kompakt, wie diese Graphiken suggerieren.

Der Beratungsprozeß verläuft nicht geradlinig

Der Prozeß des Helfens verläuft gewöhnlich nicht so geradlinig, wie in den Stufen und Schritten des Modells skizziert. Effiziente Helfer setzen dort an, wo immer der Klient es braucht. Wenn zum Beispiel ein Klient Unterstützung und Herausforderung braucht, um sich für realistische bereits gewählte Ziele einzusetzen, dann wird der Berater versuchen, gerade hierbei zu helfen. Die neun Schritte des Modells stellen Handlungsweisen dar, mit denen versucht wird, **dem Klienten zu helfen**, Probleme zu lösen und ungenutzte Potentiale zu aktivieren.

Abbildung 3: Die Stufen und Schritte des Beratungsprozesses

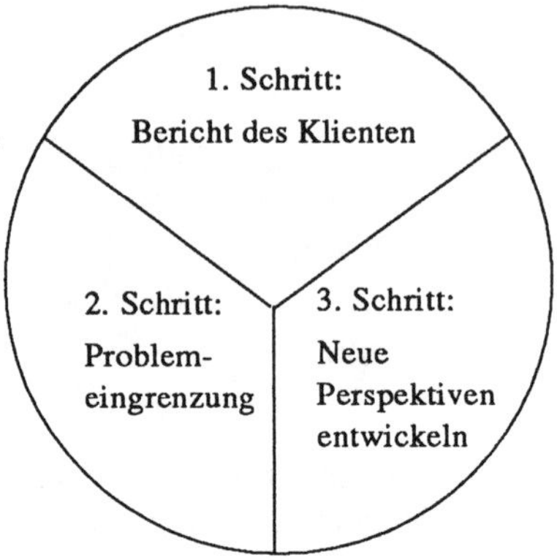

1. Stufe: Ist-Zustand

2. Stufe: Soll-Zustand

3. Stufe: Den Soll-Zustand in die Realität umsetzen

Sie können sowohl unterstützend als auch herausfordernd auf Klienten einwirken, wenn es bei den Klienten darum gehen soll,

- von ihrem Leben zu berichten;
- Probleme aufzugreifen, an denen zu arbeiten sich lohnt;
- sich mit blinden Flecken auseinanderzusetzen und neue Perspektiven zu entwickeln;
- eine Reihe alternativer Zukunftsbilder zu entwickeln;
- sich realistische Ziele zu setzen;
- sich für diese Ziele einzusetzen;

- Strategien zur Erreichung von Zielen zu entwickeln;
- realistische Handlungspläne zu formulieren;
- Pläne auszuführen.

Nicht von der Logik eines Beratungsmodells, sondern von den Bedürfnissen Ihrer Klienten sollten Sie sich leiten lassen!

Ihre Rolle als Auszubildender: sich mit den wirklichen Problemen auseinanderzusetzen

Eine Möglichkeit, mit den verschiedenen Stadien dieses Modells vertraut zu werden, besteht darin, es erst einmal an Ihren eigenen Problemen und Anliegen auszuprobieren. Das heißt, daß Sie selbst in die Rolle des Klienten schlüpfen. Dafür gibt es zwei Möglichkeiten: Entweder **spielen** Sie den Klienten oder Sie **werden** wirklich einer. Da diese Unterscheidung wichtig ist, soll genauer darauf eingegangen werden.

Rollenspiel versus reale Auseinandersetzung

Als Auszubildender werden Sie aufgefordert, in Übungssitzungen sowohl als Helfer als auch als Klient zu agieren. In den schriftlichen Übungen dieses Buches sollen Sie immer wieder einmal in die eine oder andere Rolle schlüpfen. Den Klienten können Sie in zweifacher Weise verkörpern:

1. in einem **Rollenspiel**, indem Sie **vorgeben**, bestimmte Probleme zu haben oder
2. indem Sie ihre **tatsächlichen** Probleme und Anliegen zur Sprache bringen.

Obwohl das Rollenspiel nicht einfach ist, stellt es in einer Übungssitzung doch geringere Anforderungen an die Person als die Diskussion wirklicher Lebensprobleme. Ein Rollenspiel am Anfang eines Trainingsprogramms mag sicherlich nützlich sein, da es wenig Bedrohliches an sich hat und es einem erleichtert, sich in die Rolle des Klienten zu versetzen. Dennoch meine ich, daß Sie das Trainingsprogramm dazu nutzen sollten, einen Blick auf Ihre tatsächlichen Probleme und Anliegen zu werfen, **besonders auf Eigenschaften, die Ihrer Effizienz als Helfer im Wege stehen könnten**. Wenn Sie zum Beispiel zu Ungeduld neigen oder jemand sind, der gern überzogene Forderungen an andere stellt, dann werden Sie sich mit diesem Verhalten auseinandersetzen und es ändern müssen, um ein effizienter Helfer zu werden. Oder wenn Sie selbst nicht bestimmt auftreten können, so wirkt sich das möglicherweise negativ auf die Fähigkeit Ihrer Klienten aus, klare Forderungen an sich selbst zu stellen.

Lernen, was es bedeutet, Klient zu sein

Ein weiteres Argument dafür, tatsächliche Probleme oder Anliegen in Ihrer Rolle als Klient zur Sprache zu bringen, ist, daß Sie dabei am eigenen Leib erfahren, wie es ist, ein Klient zu **sein**. Wenn Sie einmal wirklichen Klienten gegenüberstehen, können Sie die Bedenken besser verstehen, einem relativ Fremden intime Details aus dem eigenen Leben zu erzählen. Ich selbst würde lieber zu einem Berater gehen, der eigene Erfahrungen als Klient gemacht hat.

Die behutsame und produktive Trainingsgruppe

Die Beschäftigung mit persönlichen Angelegenheiten in den Übungssitzungen wird behutsam und ergiebig sein, wenn Sie einen kompetenten Trainer haben, der bei diesem Prozeß angemessen Supervision leistet, wenn die Gruppe zu einer Lerngemeinschaft verschmilzt, die sowohl Unterstützung als auch Herausforderung bietet, und wenn Sie bereit sind, über Ihre persönlichen Probleme zu sprechen.

Selbstenthüllung wird sich nachteilig auswirken, wenn Sie sich von anderen ausquetschen lassen, oder wenn Sie versuchen, andere auszuquetschen. Ihre Selbstenthüllungen sollten immer in Einklang mit den Zielen der Trainingsgruppe erfolgen. Heimliches „Unter-den-Tisch-fallen-lassen“ und dramatische Selbstenthüllung sind nicht effizient.

Vorbereitung auf die Selbstmitteilung

Wenn Sie in einer Übungssitzung von sich erzählen sollen, dann sollten Sie sorgfältig überlegen, was Sie von sich preisgeben wollen. Wenn Sie sich darauf vorbereiten, was Sie sagen wollen, kann Ihnen das manch unliebsame Selbstenthüllung ersparen.

Es folgt nun eine kleine Auswahl von Problemen, Themen und Anliegen, mit denen Teilnehmer des Trainingsprogramms sich auseinandersetzen müssen:

- Ich bin so schüchtern, daß ich Angst habe, Fremden zu begegnen und vor anderen aus mir herauszugehen.
- Ich bin ein ziemlich nachgiebiger Mensch. Andere können mit mir machen, was sie wollen, ohne daß ich mich wehre.
- Ich werde schnell wütend und lasse unfairerweise meine Wut an anderen aus. Ich glaube, meine Wut hängt oft damit zusammen, daß man mich nicht tun läßt, was ich will.
- Ich bin faul. Es fällt mir schwer, die Energie aufzubringen, anderen richtig zuzuhören und auf sie einzugehen.
- Ich bin irgendwie ängstlich im Umgang mit Menschen des anderen Geschlechts. Vor allem dann, wenn ich den Eindruck habe, sie stellen irgendwelche Forderungen in punkto Nähe an mich. Dann werde ich nervös und versuche wegzugehen.
- Ich bin ein recht hölzerner Mensch, so hat man mir zumindest gesagt. Ich bin so eine Art Elefant im Porzellanladen.
- Ich bin viel zu beherrscht. Ich zeige meine Gefühle nicht so richtig. Oft will ich nicht einmal selbst wissen, was ich fühle.
- Ich nehme gern Einfluß auf andere, aber so, daß sie es nicht merken. In zwischenmenschlichen Beziehungen will ich ständig obenauf sein.
- Ich habe das starke Bedürfnis, von anderen gemocht zu werden. Selten tue ich etwas, das andere beleidigen könnte oder dem sie nicht zustimmen würden. Ich habe ein sehr starkes Bedürfnis, akzeptiert zu werden.
- Ich halte selbst nicht viel von mir, ich putze mich selbst auf alle möglichen Arten runter. Oft bin ich deprimiert.
- Ich höre nie auf, meine Werte in Frage zu stellen. Ich glaube, ich halte mich an widersprüchliche Wertvorstellungen. Ich weiß nicht einmal genau, warum ich Berater werden möchte.
- Ich fühle fast einen Zwang, anderen zu helfen. Das ist Bestandteil meines religiösen Hintergrunds. Mir ist, als hätte ich gar keine andere Wahl.
- Ich bin empfindlich und leicht zu verletzen. Ich glaube, ich strahle Botschaften aus, die signalisieren, behandelt mich vorsichtig.
- Ich bin sehr von anderen abhängig. Mein Selbstbild hängt zu sehr von dem ab, was andere von mir halten.
- Eine Reihe von Leuten hält mich für schwierig. Ich bin sehr individualistisch. Ich bin bereit, mit jedem zu kämpfen, der meine Freiheit einschränkt.
- Ich bin sehr oft ängstlich. Ich weiß nicht einmal warum. Meine Hände sind oft schweißnaß, wenn ich mit anderen Leuten zu tun habe.

- Ich finde mich ziemlich farblos, uninteressant. Oft ist mir langweilig und ich nehme an, daß sich auch andere mit mir langweilen.
- Ich bin irgendwie verantwortungslos. Ich riskiere zu viel, besonders wenn andere beteiligt sind. Ich bin sehr impulsiv. Das ist wahrscheinlich eine nette Umschreibung für meinen Mangel an Selbstkontrolle.
- Ich bin sehr stur. Ich habe ziemlich festgefahrene Meinungen. Ich streite viel und versuche, andere auf meinen Kurs zu bringen. Ich streite wegen Kleinigkeiten.
- Ich stelle mich selbst oder mein Verhalten kaum in Frage. Normalerweise bin ich damit zufrieden, wie die Dinge sind. Ich erwarte nicht allzuviel von mir oder von anderen.
- Ich kann im Umgang mit anderen sehr raffiniert sein. Ich verführe die Leute auf verschiedene Weise – nicht unbedingt sexuell – mit meinem Charme. Ich kriege sie dazu, zu tun, was ich will.
- Ich mag ein gutes Leben. Ich bin ziemlich materialistisch und mag meine Bequemlichkeit. Ich weiche selten von meinem Weg ab, um auf Bedürfnisse anderer einzugehen.
- Ich bin irgendwie einsam. Ich glaube nicht, daß andere mich mögen, falls sie überhaupt an mich denken. Oft tue ich mir selbst leid.
- Ich bin ungeschickt in sozialen Situationen. Ich mache nie das Richtige zur richtigen Zeit. Ich weiß nicht, wie es anderen geht, wenn sie mit mir zusammen sind, aber ich glaube, ich wirke gefühllos.
- Andere finden, daß ich nicht den rechten Bezug zu den Dingen habe, daß ich meistens danebenstehe. Ich glaube, ich bin ziemlich naiv. Andere scheinen tiefere und interessantere Erfahrungen gemacht zu haben als ich. Ich glaube, ich bin zu behütet aufgewachsen.
- Ich bin knausrig mit Geld und mit meiner Zeit. Was ich habe, will ich mit anderen nicht teilen. Ich bin ziemlich egoistisch.
- Irgendwie bin ich ein Feigling. Manchmal fällt es mir schwer, für meine Überzeugungen einzustehen, bloß weil ich auf ein bißchen Widerstand stoße. Ich trete recht schnell den Rückzug an.
- Ich hasse Streit. Ich will Frieden um jeden Preis. Ich laufe weg, wenn Spannung entsteht.
- Ich mag es nicht, wenn andere mir sagen, daß ich etwas falsch mache. Dann fühle ich mich angegriffen und schlage zurück.

Hier handelt es sich um keine erschöpfende Auflistung, doch sie kann Sie anregen, über sich und Ihre Unzufriedenheiten, Probleme oder

Anliegen nachzudenken, speziell über solche, die Ihre Wirksamkeit als Helfer beeinträchtigen könnten.
Die Übungen der Stufe 1, Schritt 1 werden Ihnen eine Hilfe sein, Ihre Zufriedenheit oder Unzufriedenheit mit sich und Ihrem Verhalten einzuschätzen. Sie können dann die Themen aussuchen, mit denen Sie sich während einer Übungssitzung auseinandersetzen möchten.

Einige Hinweise zu den Übungen

Erstens gilt es zu beachten, daß die angeführten Übungsbeispiele Mittel und nicht Selbstzweck sind. Sie sind Ihnen in dem Maße nützlich, wie sie Ihnen helfen, handlungsrelevante Kenntnisse des Beratungsmodells zu entwickeln sowie die Arten von Fertigkeiten zu erwerben, die aus Ihnen einen wirkungsvollen Berater machen. Um diese Ziele zu erreichen, können weitere Übungen hinzugefügt oder die vorgegebenen modifiziert werden.
Zweitens bleibt vielleicht nicht genug Zeit, alle Übungen zu machen. Das ist auch nicht nötig. Wieviel gemacht werden kann, hängt von der Länge des Trainingsprogramms ab, an dem Sie teilnehmen. Eine größere Auswahl der Übungen kann Ihnen allerdings ein Gefühl für Ihr Verhalten im Beratungsgespräch und für die Fertigkeiten vermitteln, die effektives Helfen erfordern.
Drittens entfalten die Übungen ihre volle Wirkung nur, wenn Sie sie mit anderen Mitgliedern Ihrer Trainingsgruppe durchführen und **Feedback** erhalten. Ihr Trainer wird die Voraussetzungen dafür schaffen. Da Zeitknappheit immer ein Problem ist, ist es äußerst wichtig zu lernen, wie man kurzes, knappes Feedback in einer humanen Weise mit seiner ganzen Person geben kann.

Zweiter Teil
Grundlegende kommunikative Fertigkeiten

Zwei Gruppen von Kommunikationsweisen sind unabdingbar für Berater. Die erste Gruppe, um die es in diesem Abschnitt geht, umfaßt Zuwendung, Zuhören, Empathie und Ermutigung zum Erzählen. Die zweite Gruppe hat mit kommunikativen Fertigkeiten rund um das Herausfordern/Hinterfragen der Klienten zu tun und wird in Schritt 3 des Beratungsmodells abgehandelt. Allerdings sei darauf hingewiesen, daß herausforderndes Hinterfragen Bestandteil jeder Stufe und jeden Schritts sein kann.

Übungen zur Zuwendung

Ihre Haltung, Gestik, Mimik und Stimme senden non-verbale Botschaften an Ihre Klienten. Zweck der Übungen in diesem Abschnitt ist es, Ihnen die verschiedenen Arten non-verbaler Signale bewußt werden zu lassen. Wichtig ist, daß all das, was Sie sagen, durch non-verbale Signale verstärkt und nicht verwischt oder gar widersprüchlich wird.
Bevor Sie sich diesen Übungen zuwenden, beachten Sie bitte die Grundelemente physischer Zuwendung:

- Sitzen Sie dem Klienten **direkt gegenüber**. Das drückt aus, daß Sie zur Arbeit mit ihrem Klienten bereit sind.
- Nehmen Sie eine **offene** Haltung ein. Das drückt aus, daß Sie für Ihren Klienten offen und nicht defensiv sind.
- **Neigen** Sie sich gelegentlich zum Klienten **hin**. Das unterstreicht Ihre Aufmerksamkeit und läßt den Klienten spüren, daß Sie „bei ihm sind".
- Halten Sie guten **Augenkontakt**, ohne zu starren. Das drückt Ihr Interesse an ihrem Klienten aus.
- Bleiben Sie weitgehend **entspannt**. Das deutet Vertrauen an in das, was Sie machen und hilft auch dem Klienten sich zu entspannen.

Natürlich sind das eher Leitlinien als unumstößliche Regeln. Um zweierlei geht es dabei: Erstens senden Haltung, Gestik, Mimik und Stimme gewünschte Signale an die Klienten aus. Zweitens können Sie bei umsichtiger Zuwendung den Klienten besser **zuhören**.

Übung 1: Fehlende Zuwendung in einem Gruppengespräch

1. Alle Teilnehmer der Übungsgruppe (sechs bis acht Leute) setzen sich im Kreis zu einer Diskussion.
2. Ein zum Übungsablauf passendes Gesprächsthema wird gewählt (z.B. die Ängste und Bedenken der Leute vor dem Einstieg in das Trainingsprogramm).
3. Bis auf einen oder zwei Teilnehmer nehmen alle eine Zuwendungshaltung ein. Die anderen verstoßen gegen die obigen Anleitungen zur physischen Zuwendung durch krumme Haltung und so weiter. Allerdings nehmen sie verbal an der Diskussion teil.
4. Nach vier bis fünf Minuten wird das Gespräch unterbrochen und die Reaktionen der „Zuwender“ und der „Nicht-Zuwender“ werden besprochen. Wie war zum Beispiel die Reaktion auf einen Teilnehmer, der verbal präsent, doch non-verbal abwesend war?

Übung 2: Zuwendung als Forderung nach Teilnahme und Intensität

1. Jeder Teilnehmer wählt sich einen Partner.
2. Paarweise nehmen sie eine Haltung intensiver Zuwendung ein: Sie sitzen eng beieinander, direkt gegenüber, haben guten Augenkontakt und neigen sich einander zu.
3. Dann sprechen sie ein, zwei Minuten über das Wetter oder sonst ein triviales Thema.
4. Das Gespräch wird beendet und über Ungereimtheiten zwischen Zuwendungshaltung und Gesprächsstoff diskutiert.
5. Anschließend diskutieren Sie die Behauptung: ‚Zuwendung ist in sich schon eine Form der sozialen Beeinflussung.‘ Sie zwingt den Klienten zur Teilnahme.

Übung 3: Beobachtungen und Feedback zum Zuwendungsverhalten

Bei dieser Übung erhalten sie Gelegenheit, die Haltung, Gestik, Mimik, Stimmlage und Betonung zweier Leute im gemeinsamen Gespräch zu beobachten.

1. Bilden Sie Vierergruppen (Teilnehmer A, B, C und D).
2. A und B führen ein fünfminütiges Gespräch über das, was sie an ihrem zwischenmenschlichen Verhalten mögen oder nicht mögen. Dieses Gespräch sollte so weit wie möglich als Dialog gehalten sein, das heißt sie sollten miteinander reden, aufeinander eingehen und nicht bloß Reden halten.
3. Teilnehmer C und D fungieren als Beobachter. Sie machen sich schriftliche Notizen über das Zuwendungsverhalten von A und B.
4. Nach etwa fünf Minuten wird die Konversation unterbrochen, und C und D geben A und B auf der Basis der Leitlinien zum Zuwendungsverhalten Feedback.
   Vorsicht: Zweck dieser Übung ist es, Ihnen eine Möglichkeit zur Beobachtung von Zuwendung, Verhalten und „mitschwingenden" non-verbalen Signalen zu geben. Auf dieser Stufe ist es ratsam, die Vielfalt solchen Verhaltens und seine Auswirkungen zu beachten, **ohne** es zu interpretieren. Kurze Interpretationen können zwar kaum ganz vermieden werden, doch sollten sie keinesfalls zum Schwerpunkt des Feedback-Teils werden. Ihre Fähigkeit zu kreativer Interpretation wird parallel zu Ihrer Erfahrung wachsen. Beschreiben Sie, was Ihnen wichtig erscheint, und gehen Sie kurz auf den Eindruck ein, den Sie davon hatten.
5. Nach Ende eines vier- oder fünfminütigen Feedback-Teils wird der gesamte Ablauf mit vertauschten Teilnehmerrollen wiederholt.

Hier einige typische Feedback-Statements:

- „Meistens hast du sehr schnell gesprochen, es sprudelte nur so heraus. Ich bin angespannt und nervös."
- „Während des Gesprächs bist du sehr ruhig dagesessen. Deine Hände lagen gefaltet in deinem Schoß, praktisch gab es keine Körperbewegung."
- „Als du dich als sehr sensibel beschriebst, als einen leicht verletzlichen Menschen, da wurde deine Stimme sehr leise und du bist

etwas über deine eigenen Worte gestolpert. Ich wollte sanft mit dir umgehen."
- „Du hast fast ständig mit deinem Fuß getippt."
- „Du hast sehr oft deine Hand vor den Mund gehalten. Das hat mich abgelenkt."
- „Als deine Partnerin von ihrer Schüchternheit sprach, hast du dich zurückgelehnt und sogar deinen Sessel etwas zurückgeschoben. Ich hatte den Eindruck, du wolltest ihr Raum schaffen."
- „Wenn du über dich selbst gesprochen hast, hast du den Augenkontakt oft unterbrochen, allerdings nicht, wenn du zugehört hast. Ich fragt mich, was in dir vorging, als du über dich gesprochen hast."

Interpretieren Sie nicht zu viel in non-verbales Verhalten hinein. Sehen Sie zu, daß Ihr non-verbales Verhalten Ihnen in den Übungssitzungen hilft, gewünschte Signale zu senden. Beobachten Sie darüber hinaus das non-verbale Verhalten Ihrer Trainingskollegen und geben Sie ihnen Feedback darüber, wie es auf Sie wirkt. Zum Schluß bitten Sie noch andere um Feedback bezüglich Ihres eigenen non-verbalen Verhaltens.

Übungen zum Zuhören

Vier einfache Punkte helfen Ihnen beim Zuhören, egal ob die Klienten gerade mit dem Erzählen beginnen oder sich auf einer anderen Stufe des Beratungsmodells befinden: der Inhalt in Form von (a) Erfahrungen, (b) Verhaltensweisen, (c) Gefühlen und (d) der Standpunkt des Klienten.

Erfahrungen, Verhaltensweisen und Gefühle

Im allgemeinen erzählen Klienten über drei Dinge: ihre Erfahrungen, Verhaltensweisen und die darauf bezogenen Gefühle. All das kann offen vorliegen in Form wahrnehmbaren, äußeren Verhaltens oder versteckt in Form innerer, nicht sichtbarer Begebenheiten oder Vorgänge.

Eine Erfahrung: Etwas, von dem Klienten erzählen, daß es ihnen **passiert** ist.
Offen: „Er schrie mich an."

Versteckt: „Gedanken an den Tod entstehen aus dem Nichts und nehmen mich ganz ein."

Ein Verhalten: Etwas, das Klienten **tun oder nicht tun**.

Offen: „Jede Nacht verbringe ich ungefähr drei Stunden in derselben Bar."

Versteckt: „Bevor sie herkommt, plane ich alles, was ich sagen werde."

Ein Gefühl oder eine Empfindung: Der **Eindruck**, der mit der Erfahrung oder dem Verhalten vermittelt wird.

Offen (ausgesprochen): „Ich wurde sehr zornig und schrie sie an."

Versteckt (empfunden, aber nicht ausgesprochen): „Ich war hocherfreut über sein Scheitern, ließ mir aber nichts anmerken."

Sie können viel über Klienten in Erfahrung bringen, indem Sie auf ihre Sprechweise achten, das heißt dem Gemisch von Erfahrungen, Verhaltensweisen und Gefühlen beim Reden und auf ihre Genauigkeit im Ausdruck achten. Beginnen wir mit den Emotionen.

Übung 4: Auf die eigenen Gefühle achten

Wenn Sie sich den Gefühlen und Empfindungen von Klienten widmen wollen, dann müssen Sie zuerst mit Ihrem eigenen Gefühlsleben vertraut sein. Im folgenden finden Sie Beispiele für verschiedene Gefühlslagen. Ihre Aufgabe ist es nun, so **exakt** wie möglich zu beschreiben, was Sie fühlen: Wie reagiert Ihr Körper? Was spielt sich in Ihnen ab? Was würden Sie am liebsten machen? Üben Sie anhand der folgenden Beispiele.

Beispiel 1

Wenn ich mich akzeptiert fühle,
ist mir innerlich warm,
fühle ich mich sicher,
kann ich aus mir herausgehen,
möchte ich mich zurücklehnen und ausruhen,
kann ich meine Zurückhaltung aufgeben,
möchte ich mich mitteilen,
fallen so manche Ängste von mir ab,
fühle ich mich zu Hause,
bin ich ruhig,
fühle ich, wie meine Einsamkeit langsam verschwindet.

Beispiel 2

Wenn ich Angst habe,
wird mein Mund trocken,
kriege ich Bauchschmerzen,
habe ich ein Kribbeln im Bauch,
möchte ich am liebsten davonlaufen,
fühle ich mich sehr unwohl,
möchte ich unbedingt mit jemandem reden,
ziehe ich mich ganz in mich zurück,
fühle ich mich zu nichts nütze,
kann ich mich nicht konzentrieren,
fühle ich mich sehr verletzlich,
ist mir zum Heulen zumute.

Damit das nicht bloß eine intellektuelle Übung bleibt, versetzen Sie sich nun mal in die Lage, in der Sie diese Emotionen tatsächlich haben. Dann schreiben Sie auf, woran Sie sich erinnern. Sie müssen nicht alle der folgenden Beispiele durchmachen; es genügen diejenigen, mit denen Sie sich schwer tun. Es ist äußerst wichtig, daß Sie in sich hineinhören, wenn Sie unterschiedliche Gefühle durchleben, wie z.B.:

1. Akzeptanz	11. Abwehr	22. Einsamkeit
2. Zärtlichkeit	12. Enttäuschung	23. Liebe
3. Angst	13. Freiheit	24. Ablehnung
4. Verärgerung	14. Frustration	25. Abweisung
5. Besorgnis	15. Schuld	26. Respekt
6. Anziehung	16. Hoffnung	27. Trauer
7. Langeweile	17. Verletzung	28. Zufriedenheit
8. Dazugehörigkeit	18. Minderwertigkeit	29. Schüchternheit
9. Ehrgeiz	19. Vertrautheit	30. Mißtrauen
10. Verwirrung	20. Eifersucht	31. Überlegenheit
	21. Fröhlichkeit	32. Vertrauen

Zur Beschreibung Ihrer eigenen Gefühlsregungen sowie die anderer Menschen sollte Ihnen ein erweitertes Repertoire an Wörtern, Redewendungen und Aussagen zur Verfügung stehen. Das Beachten Ihrer eigenen Emotionen dient als Vorbereitung darauf, anderen zuzuhören. Obwohl die Gefühle und Emotionen von Klienten extrem wichtig sind, konzentrieren sich Berater häufig zu sehr – genauer gesagt ausschließlich – darauf. Wie wir später noch sehen werden, müssen

Gefühle und Emotionen – sowohl vom Helfer als auch vom Klienten – in ihrem Kontext von Erfahrungen und Verhaltensweisen verstanden werden. Doch manche Klienten verstecken ihre Gefühle, sowohl vor sich selbst als auch vor anderen. In solchen Fällen müssen Berater jeden kleinen Hinweis aufmerksam wahrnehmen, der möglicherweise auf versteckte Gefühle des Klienten hinweist.

Übung 5: Auf die Gefühle von Klienten achten

Nachdem Sie sich nun mit Ihren eigenen Gefühlen und Emotionen auseinandergesetzt haben, sind Sie in der Lage, selbst zu überprüfen, inwieweit Sie offen mitgeteilte oder implizierte Gefühle anderer wahrnehmen bzw. nachempfinden können. Lesen Sie die folgenden Aussagen und beschreiben Sie dann die Gefühle des Erzählers. Gehen Sie den folgenden Fall durch.

Beispiel

Ein siebenundzwangzigjähriger Mann spricht mit einem Pastor über einen Besuch bei seiner Mutter am Vortag: „Ich weiß nicht, was über mich gekommen ist! Sie hat an mir herumgenörgelt, so wie sie das sonst immer macht, und gefragt, warum ich sie nicht öfter besuche. Sie wollte nicht aufhören, und ich wurde immer zorniger. (Er wendet seinen Blick vom Berater ab und sieht zu Boden.) Schließlich fing ich an, sie anzubrüllen. Ich wollte ihr klar machen, mich in Ruhe zu lassen. (Er hält sich die Hände vors Gesicht.) Ich kann gar nicht glauben, wie weit ich ging. Ich nannte sie ein mieses Weibstück. (Er schüttelt seinen Kopf.) Ungefähr zehnmal habe ich sie ein mieses Stück genannt, dann ging ich und schlug ihr die Tür vor der Nase zu."

Wie fühlt sich diese Person? verlegen, schuldig, er schämt sich, außer sich, verblüfft, sehr von sich selbst enttäuscht, reumütig.

Beachten Sie genau: Dieser Mann spricht **über** seine Wut, doch in diesem Moment fühlt er diese angeführten Emotionen und drückt sie aus. Nun versuchen Sie sich einmal an den folgenden Fällen:

(1) Eine Frau, 40, verheiratet, keine Kinder: „Diese Beratungsstunden haben mir wirklich gut getan! Mir macht die Arbeit jetzt mehr Spaß. Ich freue mich wirklich darauf, neue Leute kennenzulernen. Mein

Mann und ich sprechen jetzt ernster und freundlicher miteinander. So vieles geht jetzt einfach viel leichter!"

Was geht in dieser Frau vor?* ______________________________

____

Wie stark sind ihre Gefühle und woraus schließen Sie das? ________

____

(2) Eine Frau, 53, die in Scheidung lebt: „Mein Mann und ich haben eben beschlossen, uns scheiden zu lassen (Ihre Stimme ist sehr sanft, sie spricht langsam, mit Pausen.) Ich scheue mich vor den rechtlichen Auseinandersetzungen – (Pause) – **vor dem Ganzen**, um ehrlich zu sein. Ich weiß nicht, was da auf mich zukommt (tiefes Seufzen). Ich bin nicht mehr die Jüngste. Noch einmal zu heiraten, kann ich mir nicht vorstellen. Ich weiß einfach nicht, was mich da erwartet."

Was geht in dieser Frau vor? ______________________________

____

Wie stark sind ihre Gefühle und woraus schließen sie das? ________

____

(3) Ein Mann, 45, dessen 14jährige Tochter von einem Auto angefahren worden war: „Ich hätte sie **niemals** alleine ins Kino gehen lassen dürfen. (Er reibt sich ständig die Hände.) Wie wird bloß meine Frau reagieren, wenn sie von der Arbeit heimkommt. (Er verzieht das Gesicht.) Sie sagt, ich sei leichtsinnig und sorglos – doch bei den **Kindern** sorglos zu sein – das ist etwas anderes! (Er steht auf und geht herum.) Fast geht es mir so, als hätte **ich** Karin den Arm gebrochen, nicht der Typ in dem Auto. (Er setzt sich, starrt auf den Boden, klopft mit den Fingern auf den Tisch.) Ich weiß nicht ..."

*) Immer wenn zwei Linien erscheinen, sollte die Aufgabe schriftlich bearbeitet werden. Die Linien sollten nicht dazu verführen, in das Buch zu schreiben. Meistens reicht hierzu der Platz auch nicht. Es wird empfohlen, die Antworten so in ein Arbeitsheft zu schreiben, daß im Verlauf der Arbeit mit dem Trainingsbuch immer wieder darauf zurückgegriffen werden kann. Die Nützlichkeit einer sorgfältigen **schriftlichen** Bearbeitung der Übungen kann gar nicht überschätzt werden. (Volker Krumm)

Was geht in diesem Mann vor? ______________________________

____

Wie stark sind seine Gefühle und woraus schließen Sie das? ______

____

(4) Eine unverheiratete Frau, 38, erzählt vom Verlust einer Freundin: „Meine beste Freundin hat mir den Rücken zugekehrt. Und ich weiß nicht einmal warum (mit starker Betonung gesprochen)! So, wie sie sich verhalten hat, meint sie vielleicht, ich hätte hinter ihrem Rücken etwas über sie gesagt. Das hab' ich aber nicht (mit starker Betonung), verdammt! Diese Gegend ist **voll** von gehässigem Getratsche. Das sollte ihr eigentlich klar sein. Wenn sie auf diese Schandmäuler hört, die nur Unfrieden stiften wollen ... Sie könnte mir **zumindest** sagen, was los ist."

Was geht in dieser Frau vor? ______________________________

____

Wie stark sind ihre Emotionen und woraus schließen sie das? ______

____

(5) Ein 17jähriger Schüler der Oberstufe spricht mit seiner Freundin: „Die Lehrerin hat heute gesagt, daß ich besser war, als sie je erwartet hätte. Ich war mir immer schon sicher, daß ich ganz gut werden könnte, wenn ich mich ein wenig anstrenge. (Er lächelt.) Das hab ich dieses Semester versucht, und es hat sich bezahlt gemacht."

Was geht in diesem Jungen vor? ______________________________

____

Wie stark sind seine Emotionen und woraus schließen Sie das? _____

____

(6) Ein 29jähriger sagt zu den anderen Teilnehmern seiner Trainingsgruppe: „Ich weiß nicht, was hier so passiert. (Er spricht zögernd.) Ich war noch nie in so einer Gruppe. Nach allem, was ich bisher gesehen habe, bekomme ich den Eindruck, daß ihr lauter Profis seid, und ich beobachte mich selbst ständig, ob ich auch nichts falsch mache (tiefes Seufzen). Ich vergleiche mich selbst mit dem, was all die anderen tun. Ich möchte hier gerne mitmischen können ... (Pause) ... aber, offen gesagt, weiß ich nicht, ob ich das schaffe."

Was geht in diesem Mann vor? ______________________________

____

Wie stark sind seine Emotionen und woraus schließen Sie das? _____

____

(7) Eine junge Frau, 19, spricht gegen Ende des Schuljahres mit einer Vertrauensperson: „Ich bin jetzt seit fast zwei Jahren am College, und es ist eigentlich nicht viel passiert. (Sie spricht teilnahmslos.) Die Lehrer hier sind so lala. Ich hätte mit besseren gerechnet – nachdem was ich so gehört hatte. Und vom gesellschaftlichen Leben hier bin auch nicht sonderlich beeindruckt, jeden Tag, Woche für Woche passiert das gleiche."

Was geht in dieser Frau vor? ______________________________

____

Wie stark sind ihre Emotionen und woraus schließen Sie das? ______

____

(8) Ein Mann, 64, dem mitgeteilt wurde, daß er unheilbar an Krebs erkrankt ist, spricht mit einem Arzt: „Warum ich? Warum ich? Ich bin doch nicht einmal so alt! Und ich rauche nicht und sowas. (Er fängt an zu weinen.) Schauen Sie mich an. Ich war mir immer sicher, ich hätte Mumm. Dabei bin ich bloß ein sabberndes Etwas. Oh Gott, warum unheilbar? Wie werden die nächsten Monate sein? (Pause. Er weint nicht mehr.) Was macht Ihnen das schon aus! Für euch bin ich doch bloß ein ‚Kunstfehler'."

Was geht in diesem Mann vor? ____________________

____

Wie stark sind seine Emotionen und woraus schließen Sie das? ____

____

(9) Eine Frau, 42, verheiratet mit drei halbwüchsigen Kindern, redet mit einem Seelsorger: „Warum gibt mein Mann immer mir die Schuld, wenn er mit den Kindern nicht zurechtkommt? Ich stehe immer mitten drin. Er beklagt sich bei mir über die Kinder, und sie beklagen sich über ihn. (Sie sieht ihrem Gegenüber scharf in die Augen und spricht sehr bestimmt.) Ich könnte sofort alles hinschmeißen. Wer, zum Teufel, glauben sie eigentlich, wer sie sind?"

Was geht in dieser Frau vor? ____________________

____

Wie stark sind ihre Emotionen und woraus schließen Sie das? ____

____

(10) Ein Junggeselle, 39, spricht zu einer Selbstfindungsgruppe, der er seit etwa einem Jahr angehört: „Ich habe endlich eine Frau kennengelernt, die sehr aufrichtig ist und mich so akzeptiert, wie ich bin. Ich kann mich um sie kümmern, ohne sie zu bevormunden. (Seine Stimme ist sanft und gleichmäßig.) Und sie kümmert sich um mich ohne mütterliches Gehabe. Ich hätte nie gedacht, daß ich das einmal erleben werde. (Er spricht etwas lauter.) Erleb' ich es tatsächlich? Träum' ich etwa?"

Was geht in diesem Mann vor? ____________________

____

Wie stark sind seine Emotionen und woraus schließen Sie das? ____

____

(11) Eine jugendliche Strafgefangene, die zwei Jahre in einer Besserungsanstalt verbüßt, redet mit ihrem Bewährungshelfer: (Eine Weile sitzt sie ruhig da und beantwortet keine der gestellten Fragen. Dann schüttelt sie den Kopf und sieht sich im Zimmer um.) „Ich weiß nicht, wozu ich überhaupt hier bin. Sie sind der dritte Bewährungshelfer, zu dem man mich schickt – oder gar der vierte? So eine Zeitverschwendung! Warum muß ich immer wieder hierherkommen? (Sie sieht den Bewährungshelfer scharf an.) Also los, fangen wir die Show von vorne an."

Was geht in diesem Mädchen vor? ______________________________

____

Wie stark sind ihre Emotionen und woraus schließen Sie das?______

____

(12) Ein 54jähriger Mann spricht mit einem Berater über seine Situation am Arbeitsplatz: „Ich weiß nicht, wie ich da herauskomme. Ich soll bei der Arbeit Dinge machen, die, glaube ich, nicht in Ordnung sind. Wenn ich das nicht mache, also, dann schmeißen sie mich wahrscheinlich raus. Und ich weiß nicht, wo ich wieder einen Job kriegen könnte in meinem Alter und bei dieser Wirtschaftslage. Aber wenn ich weitermache, was sie von mir wollen, kriege ich Schwierigkeiten, fürchte ich, rechtliche nämlich. **Ich** wäre dann der Dumme. Ich bin schon ganz wirr im Kopf. Ich habe noch nie mit sowas zu tun gehabt. Wie komm' ich da bloß raus?"

Was geht in diesem Mann vor? ________________________________

____

Wie stark sind seine Emotionen und woraus schließen sie das? _____

____

Übung 6: Auf Erfahrungen und Verhaltensweisen achten

Bei dieser Übung werden Sie gebeten, nicht nur Gefühle und Emotionen zu erkennen, sondern auch grundlegende Erfahrungen und Verhaltensweisen, die sie hervorrufen. Welche Erfahrungen und Verhaltensweisen tragen zu dem gegenwärtigen Zustand des Klienten bei? Manchmal ist das Entscheidende seine Erfahrung, manchmal sein Verhalten, und in manchen Fällen wirkt beides zusammen. Sehen Sie sich das folgende Beispiel an.

Beispiel

Ein Schüler der siebten Klasse spricht mit einem Lehrer seines Vertrauens (all dies sagt er stockend und ohne den Lehrer dabei anzusehen):
„Gestern ist etwas passiert, was mich ziemlich beschäftigt. Ich habe nach dem Unterricht aus dem Fenster geschaut. Es war spät. Ich hab gesehen, wie zwei Jungs, zwei Schläger, einen meiner besten Freunde verdroschen. Ich habe mich nicht hinunterzugehen getraut, ... ich Feigling. ... Ich hab keinem gesagt, daß ich nichts getan habe."

Gefühle: beschämt, schuldig, fertig, niedergeschlagen
Relevante Erfahrung: zugeschaut, wie ein guter Freund verdroschen wird
Relevantes Verhalten: seinen Freund im Stich gelassen
In diesem Fall scheint ein Verhalten des Klienten, **das Nichtstun**, seinen Gefühlszustand während des Gesprächs zu bestimmen.

(1) Eine junge Frau spricht mit dem Berater in einem Zentrum für mißhandelte Frauen: „Das ist das dritte Mal, daß er mich geschlagen hat. Ich bin nicht früher gekommen, weil ich es noch immer nicht glauben kann! Wir sind erst seit einem Jahr verheiratet. Nach der Hochzeit begann er, mich herumzukommandieren, wie er das vorher nie getan hatte. Wenn ich ihn daraufhin ansprach, wurde er immer zorniger. Dann fing er an, mich herumzustoßen, wenn ich nicht sofort tat, was er wollte. Und ich hab mir das einfach gefallen lassen! Ich hab mir das gefallen lassen! (Sie bricht zusammen und schluchzt.) Und jetzt hat er mich dreimal geschlagen innerhalb von vier Wochen. Oh Gott, was ist bloß passiert?"

Gefühle: ______________________________

Relevante Erfahrung: ______________________________

Relevantes Verhalten: ______________________________

(2) Ein Mädchen, 12, dessen Eltern in Scheidung leben, spricht mit einem Psychologen: „Ich möchte noch immer etwas tun, um zu helfen, aber ich kann nicht. Ich kann einfach nicht! Sie lassen mich nicht. Wenn sie miteinander streiten und sich anschreien, möchte ich dazwischen gehen. Aber sie stoßen mich weg, sie beachten mich überhaupt nicht. Es ist ihnen gleichgültig, was ich denke oder fühle, oder was mit mir geschieht! Meine Mutter sagt, daß sich Kinder aus solchen Sachen heraushalten sollen."

Gefühle: ______________________________

Relevante Erfahrung: ______________________________

Relevantes Verhalten: ______________________________

(3) Ein 25jähriger Mann sagt in einer Gesprächstrainingsgruppe zum Ausbilder: „Ich habe Sie hier einige Zeit beobachtet, wie Sie Peggy Feedback geben. Sie machen das sehr gut. Aber ich sage auch zu mir: ‚Warum ist er mir gegenüber nicht so hilfsbereit und fürsorglich?' Ich würde mir die gleiche Art von Feedback wünschen, aber Sie sagen nie viel zu mir. Ich strenge mich genauso an wie die anderen in der Gruppe. Ich melde mich freiwillig als Berater und als Klient. Ich weiß nicht, warum sie mich übergehen."

Gefühle: ______________________________

Relevante Erfahrung: ______________________________

Relevantes Verhalten: ______________________________

(4) Eine Frau, 35, mit zwei Kindern von 4 und 6 Jahren, deren Mann sie verlassen hat, spricht mit einem Sozialarbeiter: „Er schickt mir überhaupt kein Geld. Ich weiß nicht einmal, wo er ist. Die fragen schon nach der Miete und drohen mir, daß ich rausfliege, wenn ich nicht zahle. Ich war schon bei zwei verschiedenen Ämtern und habe alle möglichen Formulare ausgefüllt, aber ich habe noch immer kein Geld oder Essensmarken. Ich habe jetzt immer von meiner Mutter das Essen bekommen, aber die hat ja selbst so gut wie nichts. Was soll ich tun? Ich würde mir schon Arbeit suchen, aber wer paßt dann auf meine Kinder auf? Ich habe überall herumgefragt, aber es gibt keine Tagesheimstätte hier in der Gegend."

Gefühle: ____

Relevante Erfahrung: ________________________________

Relevantes Verhalten: _______________________________

(5) Ein Mann, 53, spricht wenige Monate nach dem plötzlichen Tod seiner Frau mit einem Berater. Seine zwei Kinder sind verheiratet und leben weit weg: „Sie fehlt mir so. Das Haus ist so leer. Ich arbeite allein an Computerprogrammen. Im Büro kann ich mit niemandem reden. Nun ist auch zu Hause niemand mehr. Ich gehe durchs Haus und stelle mir vor, wie wir in diesen Räumen zusammen waren. In der Nacht sitze ich oft im Dunkeln und denke an gar nichts. Wir hatten nur wenige Freunde, und deshalb ruft auch niemand an. Seit dem Begräbnis habe ich auch keines der Kinder gesehen."

Gefühle: ____

Relevante Erfahrung: ________________________________

Relevantes Verhalten: _______________________________

(6) Eine 63jährige Frau im Krankenhaus, unheilbar an Krebs erkrankt, spricht mit einem Berater, der bei der Kirche angestellt ist: „Ich kann es von meinen Kindern verstehen, aber nicht von meinem Mann. Ich weiß, daß ich sterbe. Er aber kommt jeden Tag mit einem tapferen Lächeln hierher, und versteckt, was **er** fühlt. Wir sprechen nie über mein Sterben. Ich weiß, daß er versucht, mich zu schonen, aber das ist so unrealistisch. Ich sage ihm nicht, daß seine ständige Heiterkeit und seine Weigerung, mit mir über meine Krankheit zu sprechen, mir eigentlich weh tun. (Sie schüttelt den Kopf.) Ich nehme auf **ihn** Rücksicht!"

Gefühle: ____

Relevante Erfahrung: ________________________________

Relevantes Verhalten: _______________________________

(7) Ein Neuling im College spricht am Ende seines ersten Jahres mit einem Berater: „Eine Woche lang studiere ich viel, bereite mich vor, gehe zu einer Veranstaltung über Außenpolitik. Die nächste Woche

besaufe ich mich, bin auf der Suche nach einer heißen Sexpartnerin und spiele mit den Jungs den ganzen Tag lang Karten. Es ist, als bestünde ich aus zwei verschiedenen Personen, die sich nicht einmal kennen! Ich bin gern am College, weg von zu Hause und so. Aber wenn ich hier bin, weiß ich nicht, was ich will."

Gefühle: ______________________________

Relevante Erfahrung: ______________________________

Relevantes Verhalten: ______________________________

(8) Ein Mann, 70, in Haft wegen Unterschlagung bei der Firma, für die er 25 Jahre lang gearbeitet hat, spricht mit seinem Anwalt: „Um ehrlich zu sein, es ist vielleicht ganz gut, daß ich erwischt worden bin. Ich habe die letzten 6 Jahre laufend unterschlagen. Es war wie ein Spiel. Es hat meine Energien verbraucht, meine ganze Aufmerksamkeit abverlangt, und hat mich das Altern vergessen lassen. Nun sage ich mir: ‚Du alter Trottel, wovor läufst du weg?' Ich habe zwangshaft versucht, meinem Leben einen Sinn abzugewinnen. Sie werden wahrscheinlich denken, wird auch höchste Zeit, alter Knacker. Ich meine, dazu ist es nie zu spät."

Gefühle: ______________________________

Relevante Erfahrung: ______________________________

Relevantes Verhalten: ______________________________

(9) Eine Frau, 37, verheiratet, ungewollt schwanger. Sie hat 2 Kinder, eines in der 7., eines in der 8. Klasse, spricht mit ihrer besten Freundin: „Ellen, ich weiß wirklich nicht, was ich tun soll. Ich habe mit unserem Pfarrer gesprochen, aber ich wußte, was er sagen würde. Er war mir keine große Hilfe. Oh Gott, ich will kein Kind mehr. Nicht jetzt! Ein paar Leute, die ich kenne, rechnen damit, daß ich abtreiben lasse. Sie würden das auch tun. Aber ich werde nicht abtreiben. Das mach' ich einfach nicht. Aber ich will auch nicht mein ganzes Leben wieder neu einteilen müssen. Ich habe genug Kinder!"

Gefühle: ___

Relevante Erfahrung: ___

Relevantes Verhalten: ___

(10) Ein Junge, 11, der von einem älteren männlichen Verwandten sexuell mißbraucht wurde, spricht mit einem Berater (er spricht abgehackt und mit aufgeregter Stimme): „Ich habe ihn sehr gern gehabt. Er war immer nett zu mir. Er hat mich zu Ballspielen mitgenommen. Er hat mir Taschengeld gegeben. Ich meine, er war nicht blöd. Er war richtig nett. Er war betrunken, als das passiert ist. Ich hab' mich auf ihn verlassen. Ich hab' gar nicht gewußt, was das soll. Ich hab' nicht kapiert, was passierte. Vielleicht hätte ich gar nichts sagen sollen. Er hat schrecklich ausgesehen, gestern, als ich ihn gesehen habe. Ich **mußte** doch etwas sagen, nicht wahr?"

Gefühle: ___

Relevante Erfahrung: ___

Relevantes Verhalten: ___

(11) Ein Pfarrer, der eine Affäre mit einer Frau aus seiner Kirchengemeinde hatte, redet mit einem anderen Pfarrer: „Ich habe nie zuvor jemanden gekannt wie sie. Es war, als würde es überhaupt nichts ausmachen, daß wir beide verheiratet sind. Ich habe noch nie so starke Gefühle erlebt. Ich weiß ganz genau, was ich tun sollte, aber ich tu es nicht. Wir vermeiden es, darüber zu sprechen, wohin das alles führen soll. Irgendwo weiß ich ja, daß meine Familie und mein Beruf auf dem Spiel stehen, aber ich verdränge das. Es zeichnet sich etwas Schlimmes ab, aber die Gegenwart ist so unheimlich erfüllt."

Gefühle: ___

Relevante Erfahrung: ___

Relevantes Verhalten: ___

Die Sichtweise des Klienten: Einfühlendes Zuhören

Einfühlendes Zuhören heißt, die Sichtweise des Klienten hören und verstehen. Auch wenn Sie denken, daß zu der Sichtweise des Klienten Einwände nötig wären – zunächst ist es erforderlich, daß Sie sie unkommentiert **wahrnehmen** und verstehen.

Übung 7: Auf den Standpunkt des Klienten achten

Die folgenden Anleitungen gelten für die Beispiele A und B:

1. Lesen Sie den Absatz. Versuchen Sie sich die Klienten beim Erzählen bildlich vorzustellen. Hören Sie ganz genau zu.
2. Lesen Sie den Absatz Satz für Satz durch. Achten Sie auf Erfahrungen, Verhaltensweisen und Gefühle.
3. Fassen Sie den Standpunkt des Klienten zusammen. Bewerten Sie ihn nicht oder verfälschen Sie ihn nicht durch ihre eigene Anschauung.

(A) Die folgende Klientin ist 40 Jahre alt. Sie hat gerade ihren Job verloren. Sie spricht über die Geschehnisse vor, während und nach ihrer Entlassung:
„Ich hab' gestern gerade mit dem Mann an der Druckerpresse geplaudert, als der Chef hereinstürmt und mich zur Schnecke macht wegen eines Arbeitsstops, für den ich nichts konnte. Ich war völlig schokkiert. Ich war so zornig, daß ich zurückschreien wollte, aber ich hielt mich zurück. Den ganzen Tag aber ging mir das nicht aus dem Kopf. Ganz gleich, was ich tat, es hat mich verfolgt. Schließlich wurde ich so zornig, daß ich in sein Büro stürmte und ihm sagte, was ich von ihm halte. Ich gab's ihm auch noch für ein paar andere fiese Sachen aus der Vergangenheit. Da hat er mich auf der Stelle gefeuert. Letzte Nacht war ich ganz schön deprimiert. Heute habe ich mir den ganzen Tag vorzustellen versucht, wo ich eine neue Arbeit finden könnte oder wie ich vielleicht den alten Job wiederbekommen könnte."

Welche Sichtweise nimmt diese Person ein? ____________________

____

(B) Der Klient ist ein 37jähriger Mann, der zum ersten Mal mit einem Berater spricht. Er wurde von einem Arzt, der keinen physischen Grund für verschiedene somatische Beschwerden finden konnte, an den Berater verwiesen:
„Meine Frau demütigt mich laufend. Letzte Woche, zum Beispiel, fing sie an zu arbeiten, ohne mit mir vorher darüber zu reden. Sie fragte nicht einmal, was ich davon halten würde. Sie teilt mir nicht mit, was in ihr vorgeht. Sie trifft große Entscheidungen, ohne mich mit einzubeziehen. Ich bin sicher, daß sie mich für schwach und unfähig hält. Sie ist genau wie ihre Mutter. Die wollte nie, daß ich sie heirate. Sie sei zu gut für mich. Nun versucht meine Frau mit allen Mitteln zu beweisen, daß ihre Mutter recht hatte. Das würde sie natürlich nie zugeben, aber so ist sie nun einmal. Es würde mich nicht einmal wundern, wenn es ihr Ziel wäre, mehr als ich zu verdienen. Andere Männer lassen sich aus weit geringerem Anlaß scheiden. Aber das würde sie beide glücklich machen. Ich bat sie, mit mir zu Ihnen zu kommen, und sie lachte mich aus, sie **lachte** mich richtig **aus.**"

Welche Sichtweise nimmt diese Person ein? ____________________

____

- Vergleichen Sie Ihre Zusammenfassungen mit denen der anderen Teilnehmer.
- Da anzunehmen ist, daß die beiden Klienten Sie unterschiedlich berührten, diskutieren Sie über die Verschiedenartigkeit Ihrer Reaktionen und die Gründe dafür.

Übung 8: Standpunkte der anderen verstehen

1. Bilden Sie Dreiergruppen mit der Rollenverteilung: Sprecher, Zuhörer und Beobachter.
2. Bereiten Sie innerhalb weniger Minuten ein Statement zu einem für Sie wichtigen Thema vor. Sie können ein paar Notizen machen, doch das Statement selbst soll frei vorgetragen und nicht abgelesen werden. Überdies soll es höchstens eine Minute dauern.
3. Der Sprecher hält seine kleine Rede, der Beobachter sieht dabei zu.
4. Der Zuhörer lauscht sorgfältig und faßt den Standpunkt des Sprechers zusammen. Der Zuhörer beginnt mit der Einleitung: „Das, glaube ich, ist Dein Standpunkt."

5. Sowohl der Sprecher als auch der Beobachter geben dem Zuhörer Feedback, was die Genauigkeit anbelangt.
6. Dieser Vorgang wird so lange wiederholt, bis jeder Teilnehmer jede Rolle durchgespielt hat.

Übungen zur verstehenden (akzeptierenden) Empathie

Verstehende Empathie („basic empathy"*) ist das Vermögen, dem Gegenüber zu vermitteln, daß man dessen Erfahrungen, Verhaltensweisen und Gefühle aus seinem Blickwinkel sehen kann.
Diese Fähigkeit brauchen Sie in jeder Phase des Beratungsprozesses. Sie vermittelt den Klienten, daß Sie verstehen und ist somit dem Aufbau und der Entwicklung der Beziehung zu Klienten sehr förderlich. Ausgangspunkt des gesamten Beratungsablaufs und jeder seiner Stufen ist die Sichtweise des Klienten – auch wenn sie hinterfragt werden muß.
Die Übungen des vorigen Abschnitts unterstrichen Ihre Fähigkeit, dem Klienten zuzuhören und ihn zu verstehen. Die Übungen dieses Abschnitts zielen auf Ihre Fähigkeit, dieses Verstehen dem Klienten **mitzuteilen**.

Die Formel für verstehende Empathie lautet:
„Sie fühlen ..." – gefolgt von der zutreffenden **Art** von Gefühlsregung und der angemessenen **Intensität**.
„weil ..." – gefolgt von den **Erfahrungen** und/oder den **Verhaltensweisen**, die Auslöser dieser Gefühle sind.

Hier ein paar Beispiele:

- „Sie sind **verletzt**, weil sie die Stadt verließ, ohne Sie anzurufen."
- „Sie sind **über sich selbst verärgert**, weil Sie sich die Behandlung durch sie gefallen lassen."
- „Sie fühlen sich **schuldig**, weil er seinen Stolz vergaß und Sie direkt um Hilfe bat, Sie ihm jedoch nicht einmal geantwortet haben."

Es versteht sich von selbst, daß Empathie nur dann wirksam ist, wenn sie treffend ist.

---

*) Egan unterscheidet „basic empathy" von „advanced empathy" (S. 116 , siehe auch Übung 34). Wir haben das mit „verstehender" (im Sinne von „akzeptierender" und „aktivierender Empathie" übersetzt. Das kennzeichnet die beiden Empathiearten genauer als eine wörtliche Übersetzung. (Volker Krumm)

Übung 9: Verständnis für die Gefühle des Klienten mitteilen

Gefühle und Empfindungen können auf unterschiedliche Weise ausgedrückt werden:

- **in einzelnen Worten:**
  Mir geht es gut.
  Ich bin deprimiert.
  Ich fühle mich verlassen.
  Ich bin begeistert.
  Ich fühle mich ertappt.
  Ich bin zornig.
- **in verschiedenen Redewendungen:**
  Ich bin munter und fidel.
  Ich bin am Boden zerstört.
  Ich fühle mich im Ungewissen gelassen.
  Mir geht's super.
  Ich stehe mit dem Rücken zur Wand.
  Ich koche regelrecht.
- **in Äußerungen über eine Handlung:** (was ich am liebsten machen würde):
  Ich werde wohl aufgeben. (Implizierte Empfindung: Verzweiflung)
  Ich möchte dich umarmen. (Implizierte Empfindung: Freude)
  Ich möchte ihm eine ins Gesicht knallen. (Implizierte Empfindung: Wut)
  Da das jetzt vorbei ist, möchte ich durch die Straßen tanzen. (Implizierte Empfindung: Erleichterung und Freude)
- **in Äußerungen über eine Erfahrung:**
  Man hat mich wie der letzte Dreck behandelt. (Impliziertes Gefühl: Ärger)
  Ich fühle mich abgestempelt. (Impliziertes Gefühl: Groll)
  Ich merke, daß ich bei ihr die Nummer Eins bin. (Impliziertes Gefühl: Freude)
  Ich glaube, ich kriege mein Fett ab. (Impliziertes Gefühl: Befürchtungen)

Beachten Sie dabei, daß die Implikation auch ausgesprochen werden kann:
Ich bin zornig, weil ich wie der letzte Dreck behandelt wurde.
Ich nehme es übel, daß man mich abstempelt.

Mir gehts großartig, weil ich spüre, daß ich ihr der Liebste bin.
Ich bin besorgt, weil ich befürchte, mein Fett abzukriegen.

Im folgenden sind eine Reihe von Situationen und entsprechende Gefühlsregungen und Empfindungen angeführt. Stellen Sie sich ein Gespräch mit dieser Person vor. Achten Sie auf die vier Arten, wie Sie dem anderen Ihr Verständnis mitteilen können.

Freude: Diese Person hat gerade den Job bekommen, den sie wirklich wollte.
In einem Wort: Sie sind glücklich.
In einer Redewendung: Sie sind im siebten Himmel.
In einer Handlungsäußerung: Sie möchten ausgehen und feiern.
In einer Erfahrungsäußerung: Sie finden, Sie haben bekommen, was Sie verdienen.
Drücken Sie nun die folgenden Gefühle und Empfindungen auf zwei verschiedene Weisen aus:

(1) Diese Frau macht sich gerade auf den Weg zur Abschlußfeier ihrer Tochter vom College. Sie hatte niemals erwartet, daß ihre Tochter es schaffen würde. Schließlich sagt sie: „Ich kann es kaum erwarten hinzukommen."

a. ____

____

b. ____

____

(2) Dieser Frau wurde gerade die Geldbörse gestohlen. Eben hatte sie ihr ganzes Gehalt abgehoben, das ganze Geld war in der Börse. Zum Schluß sagt sie: „Ich muß alle Rechnungen bezahlen. Ich weiß nicht, was ich tun soll."

a. ____

____

b. ____

____

(3) Dieser Mann wartet auf die Ergebnisse einer medizinischen Untersuchung. Er hat zwei Monate lang ständig an Gewicht verloren, war immer müde und niedergeschlagen. Zum Schluß sagt er: „Ich ... also, ich weiß nicht, was mit mir los ist. Niemand sagte mir etwas während der Untersuchungen."

a.____

b.____

(4) Ein Arbeitgeber hat eben herausgefunden, daß sein zukünftiger Mitarbeiter vorbestraft ist. Der Mann hatte gehofft, vor Bekanntwerden dieser Tatsache den Job antreten und sich darin bewähren zu können. Zum Schluß sagt er: „Als der Mann, mit dem ich gesprochen hatte, mich anrief und sagte, daß er von meinem Gefängnisaufenthalt erfahren habe, da wußte ich nicht, was ich ... also, da wußte ich nicht, was ich sagen sollte."

a.____

b.____

(5) Dieser Frau wurde gerade das Sorgerecht über ihre Kinder entzogen. Sie hatte nicht im entferntesten daran gedacht, daß das Gericht die Kinder ihrem Mann, den sie selbstsüchtig und verabscheuenswürdig findet, zusprechen würde. Zum Schluß sagt sie: „Nun ist alles aus."

a.____

b.____

(6) Diesen jungen Mann hat eben seine Frau verlassen. Sie sind seit etwa einem Jahr verheiratet. Er hatte gemeint, daß eigentlich alles recht gut lief. Zum Schluß legt er seinen Kopf auf seine Knie und sagt: „Was soll ich bloß machen?"

a. ______________________________

____

b. ______________________________

____

(7) Dieser Mann hat eben von seinem Boß erfahren, daß das Projekt bis Ende der Woche fertiggestellt werden muß. Ansonsten könnte er versetzt werden oder sogar seinen Job verlieren. Ihm ist klar, daß er in der Arbeit effizienter hätte sein können. Zum Schluß sagt er: „Jetzt habe ich wirklich genug."

a. ______________________________

____

b. ______________________________

____

(8) Diese Frau leidet schon lange an Migräne. Das scheint sich noch zu verschlimmern. Bislang hatte nichts geholfen, die Anfälle zu reduzieren oder sie zu lindern. Zum Schluß sagt sie: „Nichts scheint zu helfen! Soll das immer so weitergehen?"

a. ______________________________

____

b. ______________________________

____

(9) Dieser Frau wurde mitgeteilt, daß es vielleicht eine Heilung für die lebensbedrohende Krankheit ihres Kindes geben könnte. Sie weiß aber auch, daß die Behandlung nicht auf jeden Fall Erfolg haben muß. Zum Schluß sagt sie: „Sie **muß** wirken!“

a. ____

____

b. ____

____

(10) Dieser Mann erzählt, daß er zwei verschiedenen Jobs nachgehen muß, um seine Familie zu unterhalten. Glücklicherweise hat er diese zwei Jobs, doch ihm bleibt keine Zeit für sich selbst. Zum Schluß sagt er: „Es scheint, als ginge es im Leben um nichts als Arbeit.“

a. ____

____

b. ____

____

(11) Dieser Mann hat eben herausgefunden, daß er zum dritten Mal in diesem Jahr seinen Job verlieren wird. Die wirtschaftliche Lage ist schlecht. Es bestehen kaum Ausweichmöglichkeiten.

a. ____

____

b. ____

____

Übung 10: Empathie mitteilen – Erfahrungen, Verhaltensweisen, Empfindungen

In dieser Übung sollen Sie zweierlei tun: (a) verwenden Sie die „Sie fühlen sich ... weil ..." -Formel, um dem Klienten Ihr Einfühlungsvermögen zu vermitteln. (b) Fassen Sie Ihre Reaktion in eigene Worte unter Beachtung der zugrundeliegenden Gefühle und Erfahrungen und/oder Verhaltensweisen. Betrachten Sie folgendes Beispiel.

Beispiel

Eine 31jährige Frau spricht mit einem Berater über ihre Ehe. „Ich kann es nicht glauben! Können Sie sich erinnern, als Tom und ich letzte Woche hier waren, machten wir so eine Art Vertrag, daß Tom nun jeden Abend zum Abendessen zu Hause sein würde und zwar pünktlich. Stellen Sie sich vor, er kam die letzte Woche wirklich immer pünktlich nach Hause. Ich hätte mir nie gedacht, daß er sich so genau an das Abkommen halten würde."

Formel: Sie **fühlen** sich großartig, **weil** er wirklich sein Wort gehalten hat."
Freie Formulierung: „Er erfüllte seinen Vertrag über Ihre Erwartungen hinaus. Also, das ist wirklich eine sehr angenehme Überraschung."

Sehen Sie sich einmal die Gefühlskomponente und die Erfahrungs-/Verhaltenskomponente dieser freien Formulierung an.
Nun stellen Sie sich einmal vor, Sie wären aufmerksamer Zuhörer in den folgenden Szenen. Verwenden Sie zuerst die „Sie fühlen sich ... weil ..."-Phrase; dann fassen Sie es in eigene Worte. Lassen Sie die zweite Antwort so natürlich und persönlich wie möglich klingen. Im Anschluß überprüfen Sie, ob Sie in Ihren eigenen Worten sowohl einen „Sie fühlen sich"- Teil als auch einen „weil"-Teil vorfinden.

(1) Ein Mann, 40, spricht über seine behinderte Mutter: „Ich weiß, daß sie ihre gegenwärtige Krankheit benutzt, um mich zu beherrschen. Wie könnte ein ‚guter' Sohn in so einer Lage ihr auch nur eine Bitte abschlagen? (Er hämmert mit der Faust auf die Sessellehne.) Es paßt alles zusammen. Sie hat immer dies oder jenes benutzt, um mein ganzes Leben zu bestimmen. Wenn ich da nichts ändere, schafft sie es noch, daß ich mich an ihrem Tod schuldig fühle."

Formel: ____

____

Ihre eigenen Worte: ____

____

(2) Eine Frau, 25, spricht über ihren derzeitigen Freund: „Ich werde nicht ganz schlau aus ihm. (Sie hält inne, schüttelt ihren Kopf und spricht eher langsam weiter). Ich weiß nicht, ob er mich wirklich gern hat oder ob er nur versucht, mich ins Bett zu bringen. Ich habe mir schon einmal die Finger verbrannt – das soll mir nicht noch einmal passieren."

Formel: ____

____

Ihre eigenen Worte: ____

____

(3) Ein Geschäftsmann, 38, spricht mit einem engen Vertrauten: „Ich weiß wirklich nicht, was mein Chef will. Und ich weiß nicht, was er von mir hält. Einmal sagt er, ich mache meine Sache gut, obwohl ich nicht das Gefühl habe, etwas Besonderes zu tun. Ein anderes Mal explodiert er wegen rein gar nichts. Ich frage mich schon, ob mit mir etwas nicht in Ordnung ist, ich meine, daß ich vielleicht nicht durchschaue, warum er sich so benimmt. Ich frag mich, ob das der richtige Job für mich ist."

Formel: ____

____

Ihre eigenen Worte: ____

____

(4) Eine Frau, 73, im Krankenhaus wegen einer gebrochenen Hüfte: „Wenn man älter wird, muß man mit solchen Sachen rechnen. Es hätte viel schlimmer sein können. Während ich hier liege, denke ich immer an die Leute in der Welt, die viel schlimmer dran sind als ich. Ich bin niemand, der jammert. Oh, ich würde nicht sagen, daß das hier Spaß macht oder daß man von den Leuten hier bestens behandelt wird. Wer macht das schon heutzutage? – Aber es ist schon gut, daß es Krankenhäuser gibt."

Formel: ______________________________

____

Ihre eigenen Worte: ______________________________

____

(5) Ein Mädchen der 7. Klasse zu einem Lehrer außerhalb des Unterrichts: „Die anderen in der Klasse mögen mich nicht so, und jetzt mag ich sie auch nicht mehr. Warum müssen sie so gemein sein? Sie machen sich lustig über mich – also, über meine Kleider machen sie sich lustig. Meine Familie kann sich die Sachen nicht leisten, die manche dieser Angeberinnen tragen. Na und, sie müssen mich ja nicht mögen, aber ich wäre froh, wenn sie aufhören würden, sich über mich lustig zu machen."

Formel: ______________________________

____

Ihre eigenen Worte: ______________________________

____

(6) Ein Vertrauenslehrer, 41, spricht mit einem Kollegen: „Manchmal hab ich den Eindruck, daß mein Leben auf Lügen aufbaut. Mich interessieren die Jugendlichen hier überhaupt nicht mehr. Wenn sie dann in mein Büro kommen, unternehme ich nicht viel, um ihnen zu helfen. Die meisten finde ich sowieso nur langweilig – mitsamt ihren Problemen. Aber ich bin nun seit 12 Jahren hier. Ich lebe gerne hier. Halbherzig versuche ich, wieder Interesse aufzubringen, aber es gelingt mir nicht sonderlich."

Formel: ____

____

Ihre eigenen Worte: ____

____

(7) Ein Mann, 35, mit gesundheitlichen Problemen, spricht mit einer Freundin, deren Beruf Krankenschwester ist: „Morgen muß ich ins Krankenhaus wegen einiger Tests. Es scheint, es besteht Verdacht auf ein Geschwür. (Er ist unruhig). Aber keiner hat mir gesagt, was für Tests das sind. Ich soll ein Klistier erhalten und nach Mittag nichts mehr essen. Ich habe schon einiges über solche Tests gehört, aber wie sie wirklich sind, weiß ich nicht."

Formel: ____

____

Ihre eigenen Worte: ____

____

(8) Eine Diplomandin, 25, zu einem Berater: „Morgen sind zwei Semesterarbeiten fällig. Heute nachmittag muß ich im Seminar ein Referat halten. Mein Mann liegt im Bett mit einer Grippe. Und jetzt sagt man mir, daß eine Kommission mit mir über meinen ‚Studienfortgang' reden will."

Formel: ____

____

Ihre eigenen Worte: ____

____

(9) Eine Frau, 43, spricht mit einem Berater in einem Zentrum für vergewaltigte Frauen: „Hierherkommen, war das einzige, was ich tun konnte. Eine Freundin sagte mir, ich soll zur Polizei zu gehen. Dann aber würde eine dieser Geschichten draus, die man dauernd in der

Zeitung liest! Die stellten einem ja alle möglichen Fragen. Brr! Ich möchte es nur vergessen. Ich will es nicht wieder und wieder durchleben."

Formel: ____

____

Ihre eigenen Worte: ____

____

(10) Eine Schülerin der Oberstufe, 17, spricht mit einem männlichen Berater über eine ungewollte Schwangerschaft: „Ich, also, ich glaube nicht, daß ich hier darüber reden kann. (Pause). Sie als Mann und so. (Pause). Was zwischen mir und meinem Freund, mir und meiner Familie passiert – also, das ist alles sehr persönlich. Ich rede mit Fremden nicht über persönliche Dinge."

Formel: ____

____

Ihre eigenen Worte: ____

____

Übung 11: Einfühlungsvermögen in die Konflikte von Klienten

Manchmal sprechen Klienten über widersprüchliche Werte, Erfahrungen, Verhaltensweisen und Emotionen. Einfühlsam zu reagieren bedeutet, Verständnis für den Konflikt zeigen. Betrachten Sie folgendes Beispiel.

Beispiel

Eine Frau, 32, spricht mit einem Berater über einen möglichen Schwangerschaftsabbruch: „Ich überlege hin und her und hin und her. Ich sage mir: ‚O.K., ich werde abtreiben', das entspricht meiner Abneigung gegen ein weiteres Kind, und Bill (ihr Mann) würde erleichtert sein. Ich möchte eigentlich kein Kind mehr, aber mein

Mann ist überhaupt total dagegen. Also scheint eine Abtreibung der Ausweg zu sein. Aber gleich drauf denke ich an die Abtreibung selbst oder, was noch schlimmer ist, wie ich mir hinterher vorkommen werde, und das wirft mich wieder dahin zurück, wo ich begonnen habe.“

Beachten Sie den Konflikt oder das Dilemma: Eine Abtreibung könnte einige Probleme lösen, würde aber wiederum neue schaffen.
Formel: „Sie fühlen sich einerseits erleichtert, wenn Sie an die Abtreibung denken, weil es für Sie und Bill einige praktische Probleme lösen würde. **Aber** fast gleichzeitig hegen Sie Befürchtungen, weil Sie nicht sicher wissen, was die Abtreibung selbst für Sie bedeutet.“
Freie Formulierung: „Sie sind im Zwiespalt. Eine Abtreibung könnte wohl einige ernste Probleme lösen, was eine Erleichterung wäre. Sie aber fragen sich: ‚Welchen Preis muß ich dafür bezahlen?‘“

(1) Ein Fabrikarbeiter, 30: „Die Arbeit ist okay. Ich verdiene ja ordentlich, meiner Familie und mir gefällt das Geld. Meine Frau und ich, wir kommen aus armen Verhältnissen. Wir leben jetzt viel besser als in unserer Kindheit. Aber die Arbeit, die ich ausführe, ist Tag für Tag die gleiche. Ich bin vielleicht nicht grad der Klügste, aber ich könnte beileibe mehr, als diese Maschinen bedienen.“

Der Konflikt: Die Arbeit ist gut, aber zugleich schlecht. ____________

____

Formel: ________________________________

____

Ihre eigenen Worte: _____________________

____

(2) Ein Patient, seit 5 Jahren in der Nervenklinik, spricht mit den Teilnehmern einer Therapiegruppe. Einige fragen, was er unternimmt, um rauszukommen: „Um ehrlich zu sein, ich bin **gerne** hier. Warum sind einige hier so verdammt scharf drauf, mich draußen zu sehen? Ist es ein Verbrechen, daß ich mich hier wohlfühle? (Pause, dann in einem versöhnlichen Ton.) Ich weiß, daß ihr euch alle für mich interessiert. Ich merke, daß ich euch nicht egal bin. Aber soll ich euch den Gefallen machen, etwas zu tun, was ich nicht will?“

Der Konflikt: ____

____

Formel: ____

____

Ihre eigenen Worte: ____

____

(3) Ein Jugendbewährungshelfer zu einem Kollegen: „Diese Kinder bringen mich auf die Palme. Manchmal denk' ich mir, ich bin wirklich blöd, so eine Arbeit zu machen. Sie verspotten mich, versuchen, es auf die Spitze zu treiben. Für einige von ihnen bin ich auch so ein ‚Schwein'. Aber jedesmal, wenn ich ans Aufgeben denke – und das tue ich –, dann weiß ich, daß ich diese Arbeit, und sogar die Jungs auf die eine oder andere Weise vermissen würde. Wenn ich morgens aufwache, weiß ich, daß der Tag ausgefüllt ist und mich ganz fordert."

Der Konflikt: ____

____

Formel: ____

____

Ihre eigenen Worte: ____

____

(4) Ein Oberschullehrer, 50, zu seinem Direktor: „Cindy Smith hat's heute wirklich bis zum Äußersten getrieben. Sie hat mich schon das ganze Semester über gepiesackt, dieses kleine Luder. Stellt Fragen auf diese ganz ‚süße' Art, und jeder weiß, daß sie versucht, mich lächerlich zu machen. Kleine Rotznase! Aber diesmal hab' ich's ihr gezeigt. Ich hab alles herausgelassen und hab sie richtig an die Wand gekleistert, verbal natürlich. Diesmal war sie die Blöde. Sie kennen mich. Normalerweise mach' ich so etwas nicht. Ich konnte mich nicht mehr beherrschen. Ich mag Cindy nicht, das aber war doch ein ziemlicher Fehler."

Der Konflikt: ____

____

Formel: ____

____

Ihre eigenen Worte: ____

____

(5) Eine 47jährige Mutter, verwitwet, spricht über ihren 17jährigen Sohn: „Er weiß, daß ich mich ausnützen lasse. Ich werde verrückt, wenn er mürrisch ist und ein paar Tage nicht mit mir spricht. Alles was er will, holt er aus mir raus. Mir ist klar, daß es meine eigene Schuld ist. Trotzdem liebe ich ihn sehr, schließlich lebt er ja auch bei mir. So habe ich einen Mann im Haus. Bald kommt er in ein nahegelegenes College, also wird er noch einige Zeit in der Nähe sein."

Der Konflikt: ____

____

Formel: ____

____

Ihre eigenen Worte: ____

____

Übung 12: Verstehende Empathie im Alltag üben

Wenn das Mitteilen treffender Empathie Bestandteil Ihrer natürlichen Umgangsformen werden soll, so müssen Sie es außerhalb formaler Trainingsstunden üben. Wird es nicht zu einem alltäglichen Bestandteil Ihrer Umgangsformen, so wird Ihnen in Beratungsstunden ein Mangel an Aufrichtigkeit anhaften. Empathie im Alltag zu üben, ist eine recht einfache Sache.

1. Empathie ist nicht gerade selbstverständlich in der täglichen Konversation, beobachten Sie das einmal. Zählen Sie, wie oft Sie in einem beliebigen Gespräch „einfühlsame Reaktionen“ feststellen können.
2. Anschließend beobachten Sie, wie oft **Sie** Empathie in Gesprächen zeigen. Versuchen Sie anfangs bitte nicht, die Häufigkeit Ihrer Anteilnahme in Alltagsgesprächen zu erhöhen. Beobachten Sie nur Ihr übliches Verhalten. Welche Art von Reaktion tritt bei Ihnen ziemlich oft auf?
3. Fangen Sie an, Ihr Einfühlungsvermögen zu steigern. Seien Sie so natürlich wie möglich. Überfallen Sie niemand mit einer solchen Reaktion – versuchen Sie eher, einfühlsames Verstehen nach und nach in Ihren Gesprächsstil hineinzunehmen, ohne unecht zu sein. Wahrscheinlich werden Sie entdecken, daß ziemlich oft Gelegenheit besteht, sich einfühlsam zu erweisen, ohne falsch zu sein. Machen Sie sich Aufzeichnungen, wie oft Sie sich in einer beliebigen Situation als einfühlsam erweisen.
4. Beobachten Sie die Wirkung Ihrer Empathie auf andere. Benutzen Sie niemanden für Experimente. Wenn Sie diese Fertigkeit schrittweise und auf natürliche Art steigern, werden Sie merken, wie das Ihre Gespräche beeinflußt. Welchen Einfluß hat das auf Sie? Wie beeinflußt das Ihre Gesprächspartner?

Übungen zum Nachfragen

Unter Nachfragen verstehen wir Bemerkungen oder Fragen, die den Klienten ermuntern, genauer auf ein Thema einzugehen. Es gibt Mittel und Wege, zu interessanten Details vorzudringen, die den Klienten nicht von selbst einfallen oder an die sie nur sehr ungern denken. Sondierungsfragen können an jedem Punkt des Beratungsvorgangs eingesetzt werden, um Unklarheiten abzuklären, fehlende Zusammenhänge herzustellen und Perspektiven zu erweitern. In Schritt 2 der 1. Stufe zum Beispiel wird geringe Hilfestellung geleistet, um Klienten das Erzählen von Problemen und ungenutzten Möglichkeiten in Form von speziellen Erfahrungen, Verhaltensweisen und Gefühlen zu erleichtern. Ein übertriebener Einsatz kann jedoch zur Ansammlung einer Menge irrelevanter Informationen führen.

Übung 13: Nachfragen zur Klärung von Erfahrungen, Verhaltensweisen und Gefühlen

In dieser Übung wird eine kurze Problemsituation vorgestellt. Sie sollen nun Informationen über jene Erfahrungen, Verhaltensweisen und Gefühle ermitteln, die erforderlich sind, um das Problem zu klären. Wenn die erforderlichen Informationen vom Klienten spontan geäußert werden, dann ist ein weiteres Sondieren natürlich nicht erforderlich. Betrachten Sie zunächst das folgende Beispiel.

Beispiel

Eine Frau, 24, klagt darüber, daß ihr Mann sowohl physisch als auch psychisch beleidigend ist. Sie überlegt, sich scheiden zu lassen. Welche Aspekte könnten möglicherweise zur Klärung der Problemlage beitragen?

- Wie ihre Ehe sonst ist.
- Welche positiven Seiten ihre Ehe hat.
- Andere negative Charakteristika ihrer Ehe.
- Die konkrete Form der Beleidigung, was er tatsächlich tut.
- Faktoren, die die Situation herbeiführen oder ihr vorausgehen.
- Den immerwiederkehrenden Ablauf der beleidigenden Szenen, falls es einen gibt.
- Wann und wo sie erfolgen (öffentlich? privat?).
- Mit welcher Häufigkeit, wie oft?
- Wie sie auf sein Fehlverhalten (währenddessen und nachher) reagiert.
- Wie sie dazu steht.
- Wie lange das so läuft.
- Wie störend es auf ihre Ehe wirkt.
- Wie er wohl dazu steht.
- Wie er später reagiert.
- Ob er das als Problem erkennt.
- Ob sie darüber sprechen.
- Ob Lösungsversuche unternommen wurden, falls ja welche?
- Ob er gewillt ist, Hilfe zu suchen.
- Ob er mit ihr eventuell zur Beratung kommen würde.

Es gibt mehrere mögliche Untersuchungsgebiete. Informationen sollten nur in dem Ausmaß gesucht werden, wie sie zur Lösung der Problemsituation von Bedeutung sind.
Stellen Sie für die nächsten zwei Fälle eine Liste von Fragen auf – das heißt: mögliche **relevante** Erfahrungen, Verhaltensweisen und Gefühle, die zur Klärung der Problemsituation untersucht werden müssen.

(1) Grace, 19 Jahre alt und unverheiratet, das erste Jahr am College, kommt wegen einer ungewollten Schwangerschaft zur Beratung. Sie weiß, daß zwei junge Männer als Vater in Frage kommen.
Stellen Sie, wie im obigen Beispiel, Fragen, die zur Klärung beitragen, damit die junge Frau ihre Problemlage klar genug sehen kann, um fundierte Entscheidungen über das weitere Vorgehen zu treffen.

____

____

(2) Sie sind Berater in einer offenen Anstalt. Sie befassen sich mit Tom, 44, der erst kürzlich nach einer 2jährigen Haftstrafe wegen bewaffneten Raubüberfalls aus dem Gefängnis entlassen worden war. Das war das einzige Vergehen, für das er je verurteilt wurde. Die Übergangsphase in der offenen Anstalt soll die Wiedereingliederung in die Gesellschaft erleichtern. Der Aufenthalt in der Anstalt ist freiwillig. Das aktuelle Problem ist, daß Tom in der vorigen Nacht betrunken nach Hause kam. Der gestrige Tag hätte der Jobsuche vorbehalten sein sollen. Trinken verstößt gegen die Hausordnung.
Schreiben Sie einige Dinge auf, die geklärt werden müssen, wenn Tom die unmittelbare Problemstellung klar genug erkennen soll, um vernünftige Entscheidungen treffen zu können.
Reden Sie mit den anderen Gruppenmitgliedern über die ausgewählten Untersuchungsgebiete.

____

____

Besprechen Sie die Gründe für Ihre Auswahl. Die Auswahl sollte sich am Beratungsmodell orientieren.

Übung 14: Die Kombination von Empathie und Nachfragen

In dieser Übung sollen Sie zuerst mit Einfühlungsvermögen auf den Klienten eingehen und dann nachfragen. Überlegen Sie, welche Art von Information oder Klarstellung (in Form konkreter und spezifischer Erfahrungen, Verhaltensweisen und/oder Neigungen) dem Klienten hilft, die Problemlage deutlicher zu erkennen. Betrachten Sie folgende Beispiele.

Beispiel 1

Ein Jurastudent, 25, spricht mit einem Studienberater: „Gestern erfuhr ich, daß ich durch die Prüfung gefallen bin und daß ich sie nicht wiederholen kann. Ich hab's bei allen versucht, aber ich komm' nirgends durch. Was für ein Mist! Ich habe keine Ahnung, wie ich das meinen Eltern erklären soll. Sie haben mir das College bezahlt und auch das Jurastudium für dieses Jahr. Und nun soll ich ihnen sagen, daß alles umsonst war."
Empathie: Die ganze Lage klingt ziemlich hoffnungslos, sowohl hier als auch zu Hause. Und sie scheint so endgültig.
Was muß geschehen, um das Problem konkreter und deutlicher darzulegen? Mit wem hat er eigentlich gesprochen und welcher Art waren die Absagen?
Nachfrage: Mir ist nicht ganz klar, wen du mit „alle" meinst und wo du nicht durchgekommen bist?
Der Berater möchte sichergehen, daß der Klient auch wirklich an alle Möglichkeiten gedacht hat.

Beispiel 2

Als in einer Therapiegruppe das Thema „Entlassung" zur Sprache kommt, sagt der 54jährige Patient einer Nervenklinik: „Ehrlich gesagt, ich bin **gerne** hier. Warum also sind alle hier scharf drauf, mich draußen zu haben. Wer sagt denn, daß es mir hier nicht gefallen kann? Ist das ein Verbrechen?"
Empathie: Sie mögen es nicht, wenn Leute Sie drängen, an Ihren Abgang zu denken.
Was muß getan werden, um das Problem konkreter und deutlicher darzulegen? Es wäre eine Hilfe herauszufinden, welche Bedürfnisse in der Klinik befriedigt werden, die ihm das Bleiben so erstre-

benswert erscheinen lassen. Diese Bedürfnisbefriedigung könnte er auch draußen finden.
Nachfrage: Was gefällt Ihnen denn an der Klinik so gut?

Reagieren Sie zuerst mit Empathie und lassen Sie sich dann eine Frage einfallen, die helfen könnte zu differenzieren. Versuchen Sie mehrere Varianten von Nachfragen. Vergessen Sie nicht, daß es in dieser Übung nicht darum geht, daß Sie schon automatisch fragen. Wenn vorsichtige Fragen dem Klienten weitergeholfen haben, dann greifen Sie eher auf Empathie zurück als auf weitere Fragen.

(1) Ein Oberschüler zum Schulberater: „Mein Vater hat neulich abend zu mir gesagt, ich würde sehr entspannt aussehen. Also, ich bin gar nicht entspannt. Momentan ist zwar eine Flaute wegen der Semesterferien, aber nächstes Semester habe ich zwei Mathematikkurse belegt, und Mathematik setzt mir wirklich zu. Aber ich brauche es, da ich den Einführungskurs für Medizin machen will."

Empathie: ____

____

Aussichtsreicher Bereich für Nachfragen: ________________

____

Nachfrage: ____

____

(2) Eine Frau, 27, spricht mit einem Berater über eine eben zu Ende gegangene Beziehung (ihre Stimme klingt sehr sachlich): „Ich hatte meine Eltern besucht und fand bei meiner Rückkehr einen Brief von Gary. Er schrieb, daß er mich noch liebt, aber ich sei einfach nicht die richtige Frau für ihn. Er bedankte sich für die schöne Zeit, die wir zusammen hatten in den letzten drei Jahren. Er bat darum, mich nicht mit ihm in Verbindung zu setzen, da es dadurch für uns beide nur noch schwieriger würde."

Empathie: ____

____

Aussichtsreicher Bereich für Nachfragen: ________________

____

Nachfrage: ____

____

(3) Ein verheirateter Mann, 25, spricht mit einem Berater über Probleme mit seiner Schwiergermutter: „In meinen Augen versucht sie tatsächlich, unsere Ehe kaputtzumachen. Sie ist so hinterhältig und sehr schlau. Es ist schwierig, ihr auf die Schliche zu kommen. Wissen Sie, das ist sehr subtil. Also, ich habe genug. Wenn sie unsere Ehe kaputtmachen will, dann ist sie nahe dran, ihr Ziel zu erreichen."

Empathie: ____

____

Aussichtsreicher Bereich für Nachfragen: ________________

____

Nachfrage: ____

____

(4) Eine Frau, 31, spricht mit einer älteren Freundin: „Ich halte meinen Job einfach nicht mehr aus! Mein Chef ist so uneinsichtig. Er stellt alle möglichen dummen Forderungen an mich. Die anderen Frauen im Büro sind so verbohrt, mit ihnen kann man nicht einmal reden. Die Männer sind entweder völlig farblos, oder sie sind die ganze Zeit hinter Dir her, du weißt, so sexhungrig. Die Bezahlung ist gut, aber das wiegt das andere nicht alles auf, gläube ich. So geht das nun schon fast 2 Jahre."

Empathie: ____

____

Aussichtsreicher Bereich für Nachfragen: ______________________

____

Nachfrage: ____

____

(5) Ein Mann, 45, der seine Frau und sein Haus durch einen Unglücksfall verloren hat: „Dasselbe ist vor ungefähr zehn Jahren einem Freund passiert. Davon hat er sich nie mehr erholt. Seine Lebensfreude war dahin, und keiner konnte etwas dagegen tun. Es ist wie das Ende der Welt."

Empathie: ____

____

Aussichtsreicher Bereich für Nachfragen: ______________________

____

Nachfrage: ____

____

(6) Eine geschiedene Frau, 44, spricht mit einem Berater über ihre Alkoholprobleme. Sie hat eben ihre „Geschichte" erzählt: „Eigentlich ist es eine Erleichterung jemandem davon zu erzählen. Ich brauche mich nicht zu entschuldigen oder die Geschichte ins rechte Licht rücken. Ich trinke, weil ich gerne trinke – ich bin ganz verrückt nach dem Zeug, das ist alles. Ich mache mir auch keine Illusionen, daß das Gespräch mit Ihnen irgend etwas lösen wird. Wenn ich von hier weggehe, gehe ich direkt in eine Bar und trinke. In irgendeine neue Bar, mit neuen Gesichtern, wo man mich nicht kennt."

Empathie: ____

____

Aussichtsreicher Bereich für Nachfragen: ___________________

____

Nachfrage: ____

____

(7) Ein 57jähriger Mann spricht mit einem Berater über ein Familienproblem: „Mein jüngerer Bruder – er ist 53 – war immer so eine Art Taugenichts. Er nimmt dauernd den Rest der Familie aus. Letzte Woche erzählte mir meine ledige Schwester, daß sie ihm Geld für ein ‚Geschäft' gegeben hat. ‚Geschäft', meine Güte! Am liebsten möchte ich ihn packen und in den Arsch treten. Oh, er ist kein gemeiner Bursche, nur schwach. Er war nie imstande, sich im Leben für etwas Solides zu entscheiden. Aber jetzt hat er die ganze Familie durcheinandergebracht, und wir können für ihn nicht immer wieder durchs Feuer gehen."

Empathie: ____

____

Aussichtsreicher Bereich für Nachfragen: ___________________

____

Nachfrage: ____

____

(8) Eine Frau, 49, spricht mit einem Berater über ihre Beziehung zu ihrem Mann. „Offen gesagt, mein Mann ist sexuell nicht mehr an mir interessiert. In den letzten zwei, drei Monaten haben wir vielleicht ein-, zweimal miteinander geschlafen. Was es schlimmer macht, ist, daß ich noch immer sehr starke sexuelle Gefühle habe. Ich habe den Eindruck, sogar stärkere als früher. Ich denke die ganze Zeit darüber nach. Es scheint ihn überhaupt nicht zu interessieren. Ich weiß nicht, ob er jemanden neben mir hat. Ich kann damit nicht richtig umgehen!"

Empathie: ____

____

Aussichtsreicher Bereich für Nachfragen: ____________________

____

Nachfrage: ____

____

(9) Ein Mann, 49, spricht nach einer Operation, bei der ihm ein Lungenflügel entfernt worden war, mit einem Rehabilitationsberater: „Ich werde nie mehr so aktiv sein können wir früher. Aber wenigstens finde ich das Leben langsam wieder lebenswert. Ich muß mir meine Möglichkeiten gut anschauen, ganz gleich, wie eingeschränkt sie nun auch sind. Ich kann es nicht erklären, aber irgend etwas Gutes regt sich in mir."

Empathie: ____

____

Aussichtsreicher Bereich für Nachfragen: ____________________

____

Nachfrage: ____

____

(10) Mark und Lisa, ein Ehepaar, beide 33, haben ein Mädchen namens Andrea adoptiert, nachdem sie jahrelang vergeblich gehofft hatten, ein eigenes Kind zu bekommen. Ihre Beziehung, die bis dahin ganz gut schien, begann auseinanderzubröckeln. Beide ziehen nun eine Scheidung in Betracht, sie fühlen sich aber des Kindes wegen schuldig. Jetzt sagen sie: „Hätten wir nur Andrea niemals adoptiert!"

Empathie: ____

____

Aussichtsreicher Bereich für Nachfragen: __________________

____

Nachfrage: ____

____

Dritter Teil
Stufe 1: Probleme erkennen und klären

Alle Übungen in diesem Abschnitt beziehen sich auf die Schritte der ersten Stufe. Wie im Text ausgeführt, sind die Aufgabenstellungen kumulativ aufeinander bezogen.

Schritt 1: Die Klienten ermutigen, über sich zu berichten

Wie schon behandelt, sind sowohl die elementaren kommunikativen Fertigkeiten als auch die Techniken der Ermunterung Teil des gesamten Beratungsmodells. Sie sind in jeder Phase unabdingbar. Wir wollen nunmehr an die Stufen und Schritte des eigentlichen Modells herangehen.

In Stufe 1 geht es um Erkennen und Abklären von Problemen. Schritt 1 A zeigt, wie man Klienten das Sprechen, also das Darlegen ihres Problems erleichtern kann. Die folgenden Übungen sollen helfen, von sich selbst zu berichten, das heißt eigene Problembereiche, die im Umgang mit Klienten möglicherweise stören, zu erkennen. Die gründliche Auseinandersetzung mit zumindest einigen Übungen dieses Abschnitts wird Sie zu einer Reihe von Problemen und Anliegen führen, die weder zu oberflächlich noch zu persönlich für die Bearbeitung in einer Lerngruppe sind. Darüber hinaus helfen diese Übungen das Blickfeld zu erweitern, um ein kreatives Zuhören zu erleichtern. Wenn Sie diese Übungen erst einmal als Hilfe verwenden, um über sich selbst besser sprechen zu können, dann werden Sie sehen, daß einige davon auch Ihren Klienten helfen können. Wenn Sie selbst ein Gefühl für diese Übungen entwickelt haben, werden Sie wissen, welche davon für Ihre Klienten von Nutzen sein können.

Übung 15: Was läuft in meinem Leben falsch, und was läuft richtig?

Gelegentlich kann Ihnen und Ihren Klienten schon ein sehr einfaches Gerüst helfen, eine konkrete Problemlage in ihren wichtigsten Dimensionen auszuloten. In dieser Übung sollen Sie sich einige Bereiche überlegen, in denen es nicht nach Wunsch läuft („was läuft falsch"), und solche, mit denen Sie gut zurecht kommen („was läuft richtig"). Es ist von Anfang an wichtig, den Blick der Klienten sowohl auf ihre Fähigkeiten und Erfolge hinzulenken als auch auf ihre Probleme und Schwachstellen. Die Bewältigung von Problemen fällt leichter, wenn man Erfolge und Stärken nicht aus dem Auge verliert.
Schreiben Sie erst einmal ohne nachzudenken auf, welche Dinge befriedigend verlaufen und welche nicht. Um Positives hervorzuheben, versuchen Sie, Positives und Negatives im Verhältnis von mindestens 2:1, zwei positive für jede negative Nennung, zu notieren. Gehen Sie zuerst die folgenden Beispiele durch, dann stellen Sie Ihre eigenen auf. Ob die Probleme und Anliegen, die Sie anführen, auch tatsächlich wichtig sind, lassen Sie erst ein mal außer acht. Schreiben Sie einfach hin, was Ihnen in den Sinn kommt. Ihre eigene Auflistung mag sich mit der folgenden in einigen Punkten inhaltlich überschneiden, kann aber auch total verschieden sein, weil nur Sie und kein anderer sich darin reflektiert.

Beispiel

Was läuft richtig?	**Was läuft falsch?**
Ich habe viele Freunde.	Ich bin mir gegenüber sehr negativ eingestellt.
Ich habe einen guten Job, und die Leute sind mit meiner Arbeit zufrieden.	Ich werde viel zu leicht von anderen abhängig.
Andere können auf mich zählen, ich bin zuverlässig.	Mein Leben verläuft meist langweilig.
Ich bin einigermaßen intelligent.	Ich habe keinen Mut zum Risiko.
Ich habe keine größeren finanziellen Probleme, meine Existenz ist gesichert.	

Meine Frau und ich kommen ganz gut miteinander aus.

Ich bin sehr gesund.

Mein Glaube an Gott gibt meinem Leben einen Mittelpunkt, einen Halt.

Was läuft richtig?	Was läuft falsch?
______________	______________
______________	______________

Übung 16: Überprüfung der Aufgaben, die das Leben an Sie stellt, und Beachtung des sozialen Umfelds

Es ist nützlich, bei Ihren Bemühungen, Ihr Leben besser zu bewältigen und anderen darin zu helfen, das gleiche zu tun, über ein Modell zu verfügen, das Ihnen hilft, eigene Erfahrungen und die anderer gezielt (theoretisch geleitet) zu verarbeiten. Die Aufgaben 2, 3, 4 und 5 basieren auf dem Modell „People in Systems" von Egan und Cowan, Brooks/Cole (Monterey, Calif. 1979). Sie sollen Ihnen einen verbesserten Einblick in Ihre eigenen Erfahrungsweisen ermöglichen und zwar in Hinblick auf

(1.) die **Aufgaben**, die sich Ihnen in Ihrer derzeitigen Lebensphase stellen,
(2.) das **soziale Umfeld**, in dem Sie leben, und
(3.) die **Fertigkeiten**, die Sie benötigen, um diese Aufgaben zu bewältigen und sich auf eine fruchtbare Weise in Ihre soziale Umgebung einzubringen.

Diese Übung liefert eine Art Checkliste zur Durchleuchtung wichtiger Bereiche Ihres Lebens: Sie sollen Ihre Möglichkeiten und Grenzen erkennen lernen. Ziel des Modells „People in Systems" ist es, Sie die eigenen Anliegen und schließlich die Ihres Klienten in einem möglichst breiten **Kontext** sehen zu lassen.
In Aufgabe 2 sollen Sie Ihre Erfahrungen in Hinblick auf zehn Anforderungen eines Erwachsenenlebens und dessen sozialen Umfelds überprüfen. Noch einmal sei betont, daß es überhaupt wichtig ist,

sowohl Stärken als auch Schwächen zu orten. Wenn nötig, schreiben Sie auf einen Extrazettel.

(1) Kompetenz: Was mache ich gut?
Halte ich mich für fähig, etwas zustande zu bringen? Besitze ich die Mittel, die notwendig sind, um meine Ziele zu erreichen? In welchen Lebensbereichen zeichne ich mich aus? In welchen Gebieten wäre ich gerne kompetenter?

Stärken	Schwächen
______________________	______________________
______________________	______________________

(2) Selbständigkeit: Kann ich es allein schaffen?
Kann ich selbständig etwas erreichen? Vermeide ich zu große Abhängigkeit oder Unabhängigkeit? Fällt es mir leicht, um Hilfe zu bitten, wenn ich sie benötige? In welchem sozialen Bereich bin ich am meisten abhängig? Unabhängig? Wechselseitig abhängig?

Stärken	Schwächen
______________________	______________________
______________________	______________________

(3) Werte: Woran glaube ich?
Was sind meine zentralen Werte? Lasse ich vernünftige Verschiebungen meines Wertsystems zu? Setze ich Wertvorstellungen in die Tat um? Widersprechen sich einige meiner Wertvorstellungen? In welchem sozialen Bereich verwirkliche ich jene Werte, die mir am wichtigsten sind?

Stärken	Schwächen
______________________	______________________
______________________	______________________

(4) Identität: Was stelle ich in dieser Welt dar?
Weiß ich, wer ich bin, und wohin sich mein Leben entwickelt? Sehen mich andere so, wie ich mich selbst sehe? Gibt es irgend etwas, das meinem Leben Sinn gibt? In welchem sozialen Umfeld bin ich am meisten ich selbst? In welchem sozialen Umfeld verliere ich meine Identität? Was an mir verwirrt mich oder macht mich unzufrieden?

Stärken	Schwächen
______________________	______________________
______________________	______________________

(5) Vertrautheit: Wie sind meine engeren Beziehungen?
Welche Art von Nähe habe ich zu anderen? Habe ich Bekannte, Freunde, Vertraute? Wo stehe ich innerhalb meiner Altersgruppe? Gibt es noch andere soziale Gruppen in meinem Leben? Was mag ich an ihnen?

Stärken	Schwächen
______________________	______________________
______________________	______________________

(6) Sexualität: Wer bin ich als ein geschlechtliches Wesen?
Wie befriedigend finde ich meine sexuellen Identität, meine sexuellen Neigungen und mein Sexualverhalten? Wie gehe ich mit meinen sexuellen Bedürfnissen und Wünschen um? Welche sozialen Umfelder haben Einfluß auf mein Sexualverhalten?

Stärken	Schwächen
______________________	______________________
______________________	______________________

(7) Liebe, Ehe, Familie: Wie steht es mit meinen tieferen Bindungen in zwischenmenschlichen Beziehungen?
Wie ist meine Ehe? Wie stehe ich zu meiner Familie und meinen Verwandten? Was halte ich von meinem Familienleben? Falls Sie ledig sind. In welcher Hinsicht freue ich mich auf die Ehe? Welche Bedenken hege ich?

Stärken	Schwächen
______________________	______________________
______________________	______________________

(8) Beruf: Welchen Stellenwert nimmt Arbeit in meinem Leben ein?
Was halte ich von meinen Vorbereitungen auf einen Beruf oder von dem Beruf, dem ich gegenwärtig nachgehe? Was gibt mir die Arbeit? Wie sieht mein Arbeitsplatz aus? Wie wirkt er sich aus? Was bewirke ich dort?

Stärken | Schwächen

(9) Engagement in einem breiteren Umfeld: Wie weit reicht meine Welt?
Wie bringe ich mich in die Welt außerhalb des Freundeskreises, der Arbeit und der Familie ein? Wie bin ich als Nachbar? Inwieweit stehe ich der Welt optimistisch gegenüber? Inwieweit bin ich zynisch?

Stärken | Schwächen

(10) Freizeit: Was fange ich mit meiner Freizeit an?
Habe ich genügend Freizeit? Wie nütze ich sie? Was profitiere ich davon? In welchem sozialen Rahmen verbringe ich meine Freizeit?

Stärken | Schwächen

Welche Stärken werden Ihnen Ihrer Meinung nach helfen, ein eher wirkungsvoller Berater zu sein? In welcher spezifischen Weise?

Welche Schwächen und Probleme sind Ihnen Ihrer Meinung nach hinderlich, ein guter Berater zu sein? In welcher Weise?

Übung 17: Konflikte im Netzwerk des sozialen Umfelds

1. Auflistung der sozialen Lebensbereiche

Da Sie verschiedenen sozialen Lebensbereichen angehören und jeder Bereich Ihnen etwas Bestimmtes abverlangt, kann es zu Konflikten zwischen zweien oder mehreren Bereichen kommen. Bei der folgenden Übung sollen Sie Ihren Namen in die Mitte eines Zettels schreiben. Dann zeichnen Sie Verbindungslinien zu den sozialen Bereichen Ihres Lebens.

Die Person in dem Beispiel ist Mitch, 45, Direktor einer Oberschule im Zentrum einer Großstadt. Er ist verheiratet und hat zwei halbwüchsige Söhne. Keiner besucht die Schule, die Mitch leitet. Er konsultiert einen Berater, klagt über Ermüdungserscheinungen und Anfälle von Aggression und Depression. Kürzlich hat er sich einer umfassenden medizinischen Untersuchung unterzogen; es gibt keinerlei Anzeichen einer körperlichen Erkrankung.

2. Überprüfung von Erwartungen, Forderungen, Sorgen

Notieren Sie zu jedem sozialen Umfeld die Erwartungen, die die Leute in Sie setzen, die Anforderungen, die in diesem Umfeld an Sie gestellt werden, Ihre eigenen Anliegen und die Unzulänglichkeiten, die Ihnen vorgeworfen werden. Mitch zum Beispiel schreibt folgendes:

Schule

- Einige Kollegen möchten mit mir engere persönliche Beziehungen eingehen, ich habe aber weder Zeit noch Lust dazu.
- Einige Kollegen engagieren sich nicht mehr. Ich weiß nicht, was ich mit ihnen machen soll.
- Einige weiße Kollegen sind distanziert und mißtrauisch, nur weil ich schwarz bin.
- Eine Kollegin schrieb an den Bezirksschulrat und beschwerte sich, daß ich sie im Kollegium schlecht machen würde. Das ist nicht wahr.

Familie

- Meine Frau sagt, ich gehe zu sehr in meiner Arbeit auf. Sie beklagt sich ständig, daß ich nicht genügend Zeit zu Hause verbringe.
- Meine Kinder scheinen sich von mir zurückzuziehen, weil ich für sie eine doppelte Autorität darstelle – als Vater und als Direktor.

Eltern
- Meine Mutter ist gebrechlich; mein pensionierter Vater ruft mich an und erzählt, wie schwer es ihm fällt, sich an den Ruhestand zu gewöhnen.
- Meine Mutter sagt, daß ich nicht zu ihr kommen soll, wenn ich ohnehin schon so viel zu tun habe. Dann aber beschwert sie sich bei meiner Frau und meinem Vater, wenn ich sie nicht besuche.

Nun stellt Mitch eine Liste von Anforderungen, Erwartungen, Sorgen und Frustrationen auf, die sich auf jedes angeführte Umfeld beziehen. Führen Sie auf einem Extrazettel die Anforderungen, Erwartungen und Sorgen an, die mit jedem der von Ihnen angegebenen sozialen Bereichen in Zusammenhang stehen. Versuchen Sie nicht, auftauchende Probleme zu lösen. Sollte sich die Lösung eines Problems allerdings von selbst ergeben während Sie diese Übung machen, dann notieren Sie sie am Rande.

3. Konflikte zwischen einzelnen Systemen erkennen
Wenn Sie die Erwartungen, Anforderungen und Sorgen, die mit jedem Bereich verbunden sind, noch einmal durchgehen, dann stellen Sie eine Liste der Konflikte **zwischen den Bereichen** auf, die Ihnen Probleme machen.

Hier sind einige der Konflikte, die Mitch erkennt:
- Meine Frau will, daß ich mehr Zeit zu Hause verbringe, gleichzeitig kritisiert sie, daß ich nicht mehr Zeit bei meinen Eltern verbringe.
- Die Schüler verlangen dauernd – sowohl einzeln als durch ihre Organisationen – von mir, daß ich liberaler sein soll. Auf der anderen Seite fordern mich ihre Eltern auf, die Zügel zu straffen.
- Das Personal in der Verwaltung glaubt, ich stünde in ihrer Auseinandersetzung mit der Sportabteilung auf der Seite der anderen.
- Meine Freunde sagen, daß ich so viel Zeit mit der Arbeit verbringe und mich in Krisenmanagement verstricke, daß mir keine Zeit mehr für sie bleibe – sie sagen, ich machte mich fertig.

Schreiben Sie nun alle Konflikte auf, die Sie zwischen den verschiedenen Bereichen Ihres Lebens wahrnehmen.

Übung 18: Einschätzung des Einflusses größerer gesellschaftlicher Organisationen und Institutionen auf Ihr Leben

1. Hier ist eine Liste von einigen der größeren Organisationen und Institutionen, die direkt oder indirekt Ihr Leben beeinflussen und Ihnen Probleme bereiten können.

- Zeitungen
- Fernsehen
- Wirtschaft
- Kirche
- Versicherungsgesellschaften
- Gesundheitswesen
- Geschäftswelt
- Exekutive
- Transportwesen
- Profisport
- Internationale Spannungen/Krisen
- Bundesregierung und ihre Ämter
- Landesregierung und ihre Ämter
- Gemeinde und ihre Ämter
- Lebensmittelindustrie
- Psychohygienisches System
- Erziehungswesen
- Gewerkschaften
- Gerichte
- Energiewirtschaft
- Wohlfahrtsverbände

2. Gehen Sie auf alle Probleme ein, die Ihnen aus dem Kontakt mit jeder dieser Institutionen erwachsen können. Einige Beispiele:

- Ich glaube, daß Sex und Gewalt im Fernsehen meinen Kindern schaden, doch sie beklagen sich bitterlich, wenn ich ihren Fernsehkonsum einschränke. Sie sagen, daß andere Kinder alles anschauen können, und dadurch nicht verdorben werden.
- Ich werde alt und war nicht in der Lage Geld zu sparen. Ich fürchte sehr, daß ich krank werde und daß meine Behandlung nicht so richtig finanziell abgesichert ist. Mich erwartet wohl ein schreckliches Alter. Ich weiß nicht, ob ich mein bißchen Geld in eine Krankenversicherung speziell für ältere Leute stecken soll. Neulich habe ich allerdings im Fernsehen gehört, daß diese Krankenversicherung für Alte ein Schwindel ist.
- Ich habe einen akademischen Grad als Berater, kann aber keine Stelle finden. Die Leute in den Schulen sagen, daß ich als Lehrer ausgebildet sein müßte und einen Abschluß als Schulpsychologe haben müßte. Die Leute in den psychosozialen Stellen sagen, daß sie ausschließlich Sozialarbeiter anstellen. Wegen der Budgetkürzungen werden im Sozialbereich sogar Leute entlassen. Keiner hat bisher versucht herauszufinden, ob ich in meinem Beruf gut bin oder nicht. Ich glaube, daß ich ein Opfer der derzeitigen Politik bin.

Schreiben Sie alle Ihre Probleme auf, die sich im Zusammenhang mit den größeren Organisationen und Institutionen ergeben.

____

____

Übung 19: Einschätzung der Lebenstüchtigkeit

Manchmal bekommen Leute Probleme oder schaffen es nicht, diese zu bewältigen, weil ihnen die erforderlichen **Fertigkeiten** fehlen, um Aufgaben zu bewältigen und sich selbst effektiv in die sozialen Lebenssysteme einzubringen. Nehmen wir das Beispiel eines jungen Ehepaares, das an sich einen Mangel an den nötigen kommunikativen Fertigkeiten wahrnimmt, um vernünftig miteinander über die Probleme zu reden, mit denen sie sich während ihres ersten Ehejahres konfrontiert sahen.
Diese Übung besteht aus einer Checkliste, die Ihnen helfen soll, sich Ihren Talenten und möglichen Defiziten anzunähern. Unten sind verschiedene Gruppen von Fertigkeiten angeführt, die nötig sind, um alltägliche Anforderungen zu bewältigen. Bewerten Sie selbst den jeweiligen Grad Ihrer Fertigkeiten nach folgendem System:

5 Ich besitze diese Fertigkeit in einem **sehr hohem Maß**.
4 Ich besitze diese Fertigkeit in einem **hohen Maß**.
3 Meiner Einschätzung nach bin ich darin **durchschnittlich**.
2 Diese Fertigkeit **fehlt etwas** bei mir.
1 Mir **fehlt** diese Fertigkeit **stark**.

Darüber hinaus sollen Sie jede Fertigkeit auf ihre subjektive Wichtigkeit hin beurteilen. Halten Sie sich an folgende Maßstäbe:

5 Diese Fertigkeit ist für mich **sehr wichtig**.
4 Für mich ist diese Fertigkeit von **großer** Bedeutung.
3 Für mich hat diese Fertigkeit **durchschnittliche** Bedeutung.
2 Für mich ist diese Fertigkeit **ziemlich unwichtig**.
1 Für mich ist diese Fertigkeit **total unwichtig**.

Bereich A: Körperbezogene Fertigkeiten

	Grad	Wichtigkeit
• Wissen, wie man eine nahrhafte Mahlzeit zusammenstellt	_____	_____
• Wissen, wie man das Gewicht unter Kontrolle hält	_____	_____
• Wissen, wie man sich durch Übungen fit hält	_____	_____
• Wissen, wie einfache Körperhygiene betrieben wird	_____	_____
• Grundsätzliche Fertigkeiten, um gepflegt auszusehen	_____	_____
• Wissen, was bei alltäglichen Gesundheitsproblemen, wie Erkältungen und kleineren Unfällen, zu tun ist	_____	_____
• Sexuelle Ausdrucksfähigkeit	_____	_____
• Sportliche Fertigkeiten	_____	_____
• Ästhetische Fertigkeiten wie z.B. tanzen	_____	_____
Sonstige körperbezogene Fertigkeiten		
• ______________________________	_____	_____
• ______________________________	_____	_____

Bereich B: Lernen und „Lernen lernen"

	Grad	Wichtigkeit
• Gut lesen können	_____	_____
• Deutlich schreiben können	_____	_____
• Grundkenntnisse in Mathematik beherrschen	_____	_____
• Effizient lernen und studieren können	_____	_____
• Mit Computern einigermaßen umgehen können	_____	_____
• Die Gegenwart in ihrem historischen Zusammenhang sehen können	_____	_____
• Grundlegendes über Statistik wissen	_____	_____
• Eine Bibliothek benutzen können	_____	_____
• Wissen, wie man an notwendige Informationen herankommt	_____	_____

Sonstige Fertigkeiten zu Lernen und „Lernen lernen:“

- ______________________ ______ ______
- ______________________ ______ ______

Bereich C: Fertigkeiten bezüglich Wertvorstellungen

	Grad	Wichtigkeit
• Die eigenen Wertvorstellungen abklären können	______	______
• Die Werte von jenen Personen erkennen können, die für mich wichtig sind	______	______
• Jene Werte erkennen können, die unser Gesellschaftssystem hervorbringt	______	______
• Eigene Werte aufbauen und verändern können	______	______

Sonstige wertbezogene Fertigkeiten:

- ______________________ ______ ______
- ______________________ ______ ______

Bereich D: Fertigkeiten der Selbststeuerung

	Grad	Wichtigkeit
• Realistische Ziele planen und umsetzen können	______	______
• Fertigkeiten zur Lösung oder zum Umgang mit Problemen	______	______
• Fähigkeit, Entscheidungen zu treffen	______	______
• Grundsätzliche Verhaltensweisen kennen und sich zunutze machen können, z.B. Einsatz von Anreizen	______	______
• Mit meinen eigenen Emotionen umgehen können	______	______
• Befriedigung hinauszögern können	______	______
• Selbstbehauptung: Wissen wie man, unter Rücksichtnahme auf legitime Bedürfnisse anderer, seine eigenen Bedürfnisse befriedigen kann	______	______

Sonstige Fertigkeiten der Selbststeuerung:

• ______________________	_____	_____
• ______________________	_____	_____

Bereich E: Kommunikative Fertigkeiten

	Grad	Wichtigkeit
• Die Fähigkeit, vor einer Gruppe zu sprechen	_____	_____
• Die Fähigkeit, anderen aufmerksam zuzuhören	_____	_____
• Die Fähigkeit, andere zu verstehen	_____	_____
• Die Fähigkeit, anderen zu zeigen, daß man sie verstanden hat	_____	_____
• Die Fähigkeit, andere in einem vernünftigen Maß zu fordern	_____	_____
• Die Fähigkeit, andere mit brauchbaren Informationen zu versorgen	_____	_____
• Die Fähigkeit, mit einer anderen Person die gemeinsame Beziehung zu analysieren	_____	_____

Sonstige kommunikative Fertigkeiten:

• ______________________	_____	_____
• ______________________	_____	_____

Bereich F: Fertigkeiten im Zusammenhang mit Kleingruppen

	Grad	Wichtigkeit
• Ein effizientes und aktives Mitglied einer Kleingruppe sein können	_____	_____
• Eine Gruppe zusammenstellen und organisieren können	_____	_____
• Eine Kleingruppe führen können	_____	_____
• Gemeinschaftsfördernde Fertigkeiten	_____	_____

Sonstige Fertigkeiten im Zusammenhang mit Kleingruppen:

• ______________________	_____	_____
• ______________________	_____	_____

Bereich G: Engagement in Organisationen

	Grad	Wichtigkeit
• Die Fähigkeit, ein aktives Mitglied größerer Organisationen oder Institutionen zu sein	______	______
• Führungsqualitäten	______	______
• Im Team arbeiten können	______	______
• Konfliktlösungskompetenzen und Verhandlungsgeschick	______	______
• Organisationstalent	______	______
• Bestrebungen zur Veränderung von Organisationen und Institutionen wecken können	______	______
• Fertigkeit, gute Beziehungen zu den Nachbarn zu entwickeln	______	______
• Fähigkeit zur politischen Beteiligung		

Sonstige organisatorische Fertigkeiten:

• ________________________	______	______
• ________________________	______	______

Halten Sie alle Defizite fest, die mit Ihren bis jetzt entdeckten Problemen und Sorgen in Zusammenhang stehen. Notieren Sie diese Fertigkeiten und geben Sie an, auf welche Probleme oder Sorgen sie sich beziehen.

____

____

In welchen Fertigkeiten glauben Sie besser werden zu müssen? Nicht nur um mit Ihren eigenen Problemen besser umgehen zu können, sondern um ein wirksamer Berater zu sein?

____

____

Übung 20: Satzergänzungen zur Einschätzung von Problemen

Die Übungen 20 und 21 bestehen aus Satzergänzungen. Machen Sie sie schnell. Sie könnten Ihnen helfen zu ergänzen, was Sie in den vorangegangenen Übungen über sich selbst erfahren haben.

1. Mein größtes Problem ist
2. Ich bin ziemlich besorgt über
3. Außerdem habe ich noch das Problem
4. Etwas, was ich tue und das mir Probleme macht, ist
5. Etwas, das ich nicht kann und das mir Probleme macht, ist
6. Der soziale Lebensbereich, den ich am beunruhigendsten finde, ist
7. Meine häufigsten negativen Gefühle sind
8. Diese negativen Gefühle kommen, wenn
9. Die Person, mit der ich am meisten Schwierigkeiten habe, ist
10. Was ich an dieser Beziehung am beunruhigendsten finde, ist
11. Das Leben wäre besser, wenn
12. Ich neige dazu, mich zu verausgaben, wenn
13. Ich werde nicht so richtig fertig mit
14. Was mich am meisten nervös macht, ist
15. Ich bekomme Angst, wenn
16. Eine Wertvorstellung, die ich nicht in die Praxis umsetzen kann, ist
17. Ich trau mich nicht
18. Ich wünschte, ich

19. Ich wünschte, ich würde nicht

20. Was andere an mir am meisten stört, ist

21. Womit ich nicht richtig umzugehen scheine, ist

22. Mir scheinen die Fertigkeiten zu fehlen, um

23. Ein immer wiederkehrendes Problem ist

24. Wenn ich an mir nur eines ändern könnte, dann wäre das

Übung 21: Satzergänzungen zur Einschätzung von Stärken

1. Was ich an mir mag, ist

2. Was andere an mir mögen, ist

3. Etwas, in dem ich gut bin, ist

4. Ein Problem, mit dem ich kürzlich gut fertig geworden bin, ist

5. Wenn ich in Hochform bin, dann

6. Ich bin froh, daß ich

7. Leute, die mich kennen, sind froh, daß ich

8. Ein Kompliment, das mir kürzlich gemacht wurde, war

9. Eine Wertvorstellung, die ich in die Tat umsetzen möchte, ist

10. Ein Beispiel dafür, daß ich mich um andere kümmere, ist

11. Die Leute können mit mir rechnen, wenn

12. Es hieß, daß ich meine Sache gut gemacht hatte, als ich

13. Etwas, mit dem ich heute besser als voriges Jahr umgehe, ist

14. Eine Sache, mit der ich fertig geworden bin, ist

15. Ein gutes Beispiel für meine Fähigkeit, mein Leben zu meistern, ist

16. Ich kann am besten mit Leuten umgehen, wenn

17. Ein Ziel, das ich momentan anstrebe, ist

18. Einer Verlockung, der ich kürzlich widerstehen konnte, ist

19. Ich war selbst von mir angenehm überrascht, als ich

20. Ich glaube, ich hab das Zeug in mir

21. Wenn ich etwas Gutes über mich sagen sollte, dann würde ich sagen, daß ich

22. Ein Weg, meine Emotionen erfolgreich zu beherrschen, ist

23. Eine Sache, in der ich sehr zuverlässig bin, ist

24. Eine wichtige Sache, die ich innerhalb von 2 Monaten erledigen will, ist

Schritt 2: Problemeingrenzung und -klärung

Dieser Schritt umfaßt zwei Punkte: Erstens, wenn Klienten von sich erzählen, muß festgelegt werden, auf welchen Punkt zuerst eingegangen werden soll. Man nennt diesen Vorgang **„Fokussierung“** und es bedeutet die Auswahl von Schlüsselproblemen. Wenn die Festlegung auf ein Problem erfolgt ist, geht es zweitens um dessen **konkrete** Analyse. Die Übungen dieses Abschnitts drehen sich um diese beiden Aufgaben.

Schlüsselprobleme auswählen

Oft genug sind die Lebensberichte von Klienten sehr vielschichtig. Und so werden sie gelegentlich Ihrer Hilfe bedürfen, um entscheiden zu können, an welchen Punkten zuerst gearbeitet werden soll. Stehen mehrere Probleme an, so wird es wichtig, jene herauszugreifen, deren

Bewältigung eine allgemeine Wende zum Besseren bewirken werden. Ist ein Problem zur genauen Untersuchung festgelegt, dann können Sie dem Klienten helfen, es zu klären. In Schritt 1 nutzten Sie eine Reihe von Übungen zum Erkennen einiger Ihrer eigenen Anliegen. Jetzt geht es darum festzulegen, mit welchen Fragen Sie sich im Übungsverlauf auseinandersetzen wollen.

Übung 22: Untersuchungsbereiche auswählen

1. Schreiben Sie als Einstieg vorerst einige der Problembereiche oder nicht genutzten Möglichkeiten auf, die Ihnen während Ihrer Einschätzungsübungen aufgefallen sind.

---

2. Wenden Sie als nächstes alle unten angeführten Kriterien auf jedes Ihrer notierten Probleme an. Nach diesen Kriterien gehen Sie bei Ihren Klienten vor, um ihnen beim Eingrenzen eines Themas zu helfen, das zur Untersuchung und Klärung ansteht.

- **Schwere oder Dringlichkeit:** Ist es eine Angelegenheit, der man sich mehr oder weniger sofort zuwenden muß wegen der Sorgen, die es Ihnen oder anderen bereitet und/oder wegen ihrer Häufigkeit oder Unkontrollierbarkeit?

- **Bedeutsamkeit:** Ist es eine Angelegenheit, die wichtig für Sie ist und bedeutsam genug, um sie zu diskutieren und aktiv zu werden?

- **Wahl des richtigen Zeitpunkts:** Handelt es sich um ein Problem, das Ihrer Einschätzung nach zu dieser Zeit mit den verfügbaren Mitteln gelöst werden kann? Ist dieses Anliegen reif zur Klärung?

- **Komplexität:** Ist dieses Anliegen ein lösbarer Teil eines größeren und komplexeren Problems? Kann es in bewältigbare Teile zergliedert werden?

- **Erfolgsaussichten:** Angenommen dieses Anliegen wird in den Mittelpunkt gestellt, kann es dann mit einiger Wahrscheinlichkeit erfolgreich behandelt werden? Wenn nicht, soll man jetzt damit beginnen?

- **Streuungseffekt:** Handelt es sich um ein Problem, dessen Lösung positive Auswirkungen auf andere Bereiche Ihres Lebens haben wird?
- **Kontrolle:** Unterliegt dieses Problem Ihrer Kontrolle? Müssen Sie, um es besser in den Griff zu kriegen, selbst tätig werden oder müssen Sie andere veranlassen zu handeln?
- **Verhältnismäßigkeit des Aufwands:** Lohnt es sich, sich mit diesem Anliegen auseinanderzusetzen, das heißt rechtfertigen die Vorteile einer Auseinandersetzung die Anstrengungen und den Zeitaufwand?
- **Inhalt:** Lohnt es sich, über dieses Thema zu diskutieren? Gibt es genügend her, um in einer Reihe von Sitzungen bearbeitet zu werden? Andererseits, ist es nicht vielleicht zu ernst, um jetzt und in diesem Kreis besprochen zu werden?
- **Bereitschaft:** Ist es ein Anliegen oder Problem, über das Sie mit den Teilnehmern dieser Trainingsgruppe überhaupt sprechen möchten? Wären Sie später dazu eventuell eher bereit, wenn Ihnen die Teilnehmer vertrauter sind?

3. Gehen Sie nun unter Berücksichtigung dieser Kriterien die Liste Ihrer Anliegen noch einmal durch und greifen Sie fünf davon heraus, die Sie untersuchen wollen, wenn Sie in der Gruppe die Rolle des Klienten einnehmen.

a. ______________________________

____

b. ______________________________

____

c. ______________________________

____

d. ______________________________

____

e. ______________________________

____

Übungen zur Klärung von Problemen der Klienten

Die Übungen des folgenden Abschnittes beziehen sich auf jene Fertigkeiten, die Sie benötigen, um Klienten zu befragen und ihnen beim Untersuchen und Klären ihrer Probleme, Sorgen und Anliegen zu helfen. Diese Fertigkeiten ergänzen die in Teil Zwei behandelten kommunikativen Fertigkeiten.
Einschätzverfahren, wie oben verwendet, helfen Ihnen, den **Inhalt** der Äußerungen des Klienten über sich selbst wahrzunehmen und einzuordnen. Da Probleme aber normalerweise erst dann wirksam gelöst werden können, wenn sie analysiert sind, müssen Sie darauf achten, **wie konkret** der Klient über sein Problem spricht. Ein Problembereich oder Teile davon sind klar, wenn sie in Form von **spezifischen Erfahrungen, spezifischen Verhaltensweisen und spezifischen Gefühlen in spezifischen Situationen** operationalisiert oder formuliert werden. Dies kann sowohl offen als auch verdeckt geschehen.

Übung 23: Konkret über Erfahrungen sprechen

In dieser Übung sollen Sie einige Ihrer Erfahrungen ansprechen, zuerst vage und dann konkret. Sehen Sie sich die folgenden Beispiele an.

Beispiel 1

- **Vage Erfahrungsäußerung:** „Manchmal bin ich wegen meiner körperlichen Verfassung nicht so leistungsfähig.“

- **Konkrete Aussage bezüglich der gleichen Erfahrung:** „Etwa einmal die Woche bekomme ich Migräne. Das macht mich extrem lichtempfindlich und ist normalerweise sehr schmerzhaft. Oft wird mir so übel, daß ich brechen muß. Besonders wenn ich angespannt bin und unter Druck stehe, bin ich dafür sehr anfällig. Zum Beispiel erwischt es mich oft, wenn ich meine Ex-Frau besuche.“

Beispiel 2

- **Vage Erfahrungsäußerung:** „Meine Ehe geht kaputt.“

- **Konkrete Aussage bezüglich der gleichen Erfahrung:** „Mein Mann ist mit anderen Frauen zusammen, doch er gibt es nicht zu. Er unternimmt nichts, um mit mir zu schlafen, ab und zu passiert es halt. Gelegentlich ist er sehr verletzend, allerdings schlägt er mich nicht."

Untersuchen Sie im folgenden Erfahrungen in Zusammenhang mit drei Ihrer Anliegen oder Probleme, die Ihre Helferqualitäten beeinträchtigen könnten.

1. Vage Äußerung: ______________________________

____

Konkrete Aussage: ______________________________

____

2. Vage Äußerung: ______________________________

____

Konkrete Aussage: ______________________________

____

3. Vage Äußerung: ______________________________

____

Konkrete Aussage: ______________________________

____

Übung 24: Konkret über Verhalten sprechen

In diesen Übungen sollen Sie über einige Ihrer Verhaltensweisen sprechen (was Ihnen gelingt oder mißlingt) – zuerst vage, dann konkret. Wählen Sie solche Verhaltensweisen, die einen Einfluß auf Ihre Beraterrolle haben könnten. Sehen Sie sich folgende Beispiele an.

Beispiel 1

- **Vage Verhaltensäußerung:** „Ich strebe nach Dominanz."
- **Konkrete Aussage bezüglich des gleichen Verhaltens:** „Normalerweise versuche ich auf subtile Weise, die Leute so weit zu bringen, daß sie tun, was ich will. Ich kriege Frauen, die mit mir sexuell eigentlich gar nichts zu tun haben wollen. Das macht mich sogar noch stolz. In Gesprächen reiße ich das Kommando an mich. Ich unterbreche die anderen, gutmütig und witzig, aber ich mache meine Bemerkungen. Wenn ein Freund von etwas Ernstem spricht und ich bin nicht in der Stimmung dazu, dann wechsle ich das Thema."

Beispiel 2

- **Vage Verhaltensäußerung:** „Ich verhalte mich falsch gegenüber meiner Frau."
- **Konkrete Aussage bezüglich des gleichen Verhaltens:** „Wenn ich von der Arbeit nach Hause komme, lese ich die Zeitung und schaue fern. Ich spreche nicht viel mit meiner Frau, außer beim Abendessen ein bißchen. Ich erzähle ihr nichts von meinem Tag. Ich tue auch nichts, daß sie mir etwas von ihrem Tag erzählt. Doch wenn ich später mit ihr schlafen möchte, dann erwarte ich, daß sie gerne mit mir ins Bett geht."

Tragen Sie in die folgenden Leerzeilen Beispiele Ihres eigenen Verhaltens ein. Beschränken Sie sich eher auf Verhaltensbeschreibungen statt auf Erfahrungs- oder Gefühlsschilderungen. Versuchen Sie Situationen und Verhaltensweisen zu wählen, die für Ihre zwischenmenschlichen Beziehungen und Ihre Beratertätigkeit von Relevanz sind.

1. Vage Äußerung: ______________________________

____

Konkrete Aussage: ______________________________

____

2. Vage Äußerung: ____

____

Konkrete Aussage: ____

____

3. Vage Äußerung: ____

____

Konkrete Aussage: ____

____

Übung 25: Konkret über Gefühle und Empfindungen sprechen

Gefühle und Empfindungen entstehen aus Erfahrungen und Verhaltensweisen. Daher geht es an der Realität vorbei, über Gefühle zu sprechen, ohne sie auf Erfahrungen und Verhaltensweisen zu beziehen. Versuchen Sie in dieser Übung jedoch, die Gefühle hervorzuheben. Sehen Sie sich die folgenden Beispiele an.

Beispiel 1

- **Vage Gefühlsäußerung:** „Ich bin in den Übungsgruppen gestreßt."
- **Konkrete Äußerung bezüglich des gleichen Gefühls:** „Ich bin unschlüssig und verlegen, wenn ich den anderen Teilnehmern Feedback geben will, vor allem wenn ich etwas Negatives zu sagen habe. Bevor ich drankomme klopft mein Herz schneller und meine Hände schwitzen. Mir ist dann, als würde mich jeder anstarren."

Beispiel 2

- **Vage Gefühlsäußerung:** „Bei meiner Mutter fühle ich mich manchmal nicht wohl."
- **Konkrete Äußerung bezüglich des gleichen Gefühls:** „Immer, wenn meine Mutter anruft und andeutet, daß sie einsam ist, dann

fühle ich mich schuldig und bedrückt. Dann werde ich zornig auf mich selbst, daß ich so leicht Schuldgefühle aufkommen lasse. Der ganze Tag ist dann im Eimer. Ich werde nervös und gereizt und lasse es die anderen merken."

Tragen Sie in die folgenden Leerzeilen drei Beispiele für Ihre eigenen Gefühle ein. Konzentrieren Sie sich auf Gefühle, mit denen Sie nur schwer zu Rande kommen und die sich negativ auf Ihre Beraterrolle auswirken könnten.

1. Vage Äußerung: ____

____

Konkrete Aussage: ____

____

2. Vage Äußerung: ____

____

Konkrete Aussage: ____

____

3. Vage Äußerung: ____

____

Konkrete Aussage: ____

____

Übung 26: Konkret über Erfahrungen, Verhaltensweisen und Gefühle sprechen

In dieser Übung sollen Sie sowohl spezifische Erfahrungen als auch spezifische Verhaltensweisen und spezifische Gefühle mit Ihren persönlichen Problemen in Verbindung bringen. Sehen Sie sich folgende Beispiele genau an.

Beispiel 1

- **Vage Äußerung:** „Ich bin sexuell nicht so reif, wie ich mir wünsche."
- **Konkrete Aussage:** „Ich habe Angst vor Frauen, vor allem vor solchen, die bestimmt auftreten oder ganz einfach selbstbewußt sind. Mein Sexualleben besteht fast ausschließlich aus Phantasien und Masturbation. In diesen Phantasien bin ich der Dominierende, und die Frauen fordern nichts von mir. Sie sind unterwürfig und ausschließlich für meine sexuellen Bedürfnisse da. Ich schäme mich zuzugeben, daß mir das auch noch Spaß macht. Zeitweise bin ich ganz besessen von solchen Gedanken. Gegenwärtig scheint das meine sexuellen Bedürfnisse zu befriedigen. Manche Frauen interessieren sich für mich, aber ich finde Ausreden, warum ich nicht ausgehen kann. Ich habe wirklich Angst, verstecke es aber, indem ich lustig bin. Ich gebe zu verstehen, daß ich woanders ein Leben mit Frauen führe. So fühle ich mich als Schwindler in der Umgebung von Frauen. Und ich fühle mich schuldig, wenn ich mich ernsthaft als sexuelles Wesen betrachte. Ich versuche, nicht viel darüber nachzudenken."

Greifen Sie die Erfahrungen, Verhaltensweisen und Gefühle aus diesem Beispiel heraus.

Beispiel 2

- **Vage Äußerung:** „Manchmal bin ich überempfindlich und gehässig."
- **Konkrete Aussage:** „Ich vertrage Kritik nicht so recht. Wenn von irgendwoher negatives Feedback kommt, dann lächle ich für gewöhnlich und stecke es scheinbar weg, doch innerlich schmolle ich. Tief drinnen wird der, von dem das Feedback kam, „notiert". Ich sage mir, daß derjenige dafür noch zahlen wird. Zum Beispiel, vor zwei Wochen, da kam in einer Übungssitzung negatives Feedback von dir, Cindy. Ich war sauer und verletzt, weil ich dachte, du wärst mir freundlich gesonnen. Seither hab ich nach Fehlern gesucht, die du hier machst. Ich hab nach einer Gelegenheit gesucht, dir das heimzuzahlen. Es hat mich gestört, daß ich dich bei nichts erwischen konnte. Es macht mich schon verlegen, das alles einzugestehen."

Greifen Sie die Erfahrungen, Verhaltensweisen und Gefühle aus diesem Beispiel heraus. Gehen Sie dann auf zwei Situationen ein, die Ihre eigenen Erfahrungen, Verhaltensweisen und Gefühle widerspiegeln. Versuchen Sie wiederum solche Themen aufzugreifen, die mit Ihrer potentiellen Wirksamkeit als Berater zusammenhängen.

1. Vage Äußerung: ______________________________

____

Konkrete Aussage: ______________________________

____

2. Vage Äußerung: ______________________________

____

Konkrete Aussage: ______________________________

____

3. Vage Äußerung: ______________________________

____

Konkrete Aussage: ______________________________

____

Übung 27: Sich selbst beraten

In dieser Übung zu Schritt A und B sollten Sie ein schriftliches Zwiegespräch mit sich führen. Wählen Sie einen Problembereich Ihres Lebens, einen, der für Ihre zwischenmenschliche Beziehung und/oder für Ihre Kompetenz als Berater relevant ist. Nutzen Sie zuerst grundlegende kommunikative Fertigkeiten als Hilfe zum Erzählen Ihrer Geschichte, wählen Sie dann ein Schlüsselproblem zur ausführlicheren Untersuchung, und arbeiten Sie dann an seiner Klärung in Form spezieller Erfahrungen, Verhaltensweisen und Gefühle.

Beispiel

Dieses Beispiel zeigt die Erfahrung eines Mannes, der im Rahmen seines Diplomstudiums „Beratung“ als Schwerpunkt gewählt hat.

Bericht des Klienten
„Um ehrlich zu sein, habe ich einige Bedenken, Berater zu werden. Eine Reihe von Dingen schreckt mich davon ab. Zum Beispiel war einer meiner Lehrer im letzten Semester ein arroganter Typ. Ich fragte mich, ob so jemand wie er das Resultat eines solchen Ausbildungsganges ist. Konnte der wirklich irgend jemandem helfen? Ich finde das ganze Kursprogramm viel zu theoretisch. Im Kurs über Theorie der Beratung und Psychotherapie haben wir nie etwas Praktisches **gemacht**, ja nicht einmal praktische Dinge untereinander besprochen. Ich bin sehr enttäuscht. Ich komme nun ins zweite Jahr, aber mir kommen ernste Bedenken. Ich habe zwar gehört, daß der Kurs im zweiten Jahr etwas praxisbezogener wird, aber noch nicht ausreichend. Am Ende des Kurses kommt ein Praktikum, aber davon bräuchte ich jetzt mehr. Also habe ich angefangen, in einem Übergangsheim für Psychiatrieentlassene zu arbeiten. Da läuft's aber auch nicht so, wie ich erwartet hatte. Diese ganze Beratergeschichte läßt mich an mir und diesem Beruf zweifeln.“

Selbsterwiderung: „Diese Enttäuschungen führen zu Rückzügen. Was beunruhigt dich zur Zeit am meisten?“

Ich: „Das ist schwer zu sagen, aber ich glaube, daß mich das Übergangsheim am meisten beschäftigt. Denn das dort ist kein theoretisches Zeug, das da draußen ist die Wirklichkeit.“

Selbsterwiderung: „Das ist der Ort, wo tatsächlich Hilfe geleistet werden sollte. Aber du hast deine Zweifel an dem, was dort vorgeht.“

Ich: „Ja, zwei Bedenken: eines betrifft mich und das andere die Einrichtung.“

Selbsterwiderung: „Womit willst du dich auseinandersetzen?“

Ich: „Ich glaube, daß ich mich mit beidem auseinandersetzen muß, aber ich fange bei mir selbst an. Ich fühle mich so schlecht vorbereitet. Alles was in den Vorlesungen zu hören ist und was in den Büchern steht, scheint so wenig zu tun zu haben mit dem, was sich im Übergangsheim abspielt. Ein Beispiel: Neulich begann eine Insassin mich anzubrüllen, als wir durch die Halle gingen. Sie schlug ein paar Mal auf mich ein und lief davon – schreiend, daß ich hinter ihr her sei."

Selbsterwiderung: „Das klingt beängstigend."

Ich: „Es war fürchterlich. Auf so etwas war ich nicht vorbereitet. Ich war schon seit einigen Monaten dort, aber niemand hat mich so richtig in alles eingeweiht. Einen offiziellen Tutor habe ich auch nicht. Da ich verschiedenen Leuten zu verschiedenen Zeiten helfe, bekomme ich hie und da ein paar Tips. Ich habe mit allen möglichen Leuten bzw. mit verschiedenen Problemen zu tun, und ich helfe, wenn ich kann."

Selbsterwiderung: „Du bist auf das, was du tust, einfach nicht genügend vorbereitet. Du arbeitest schwer, trotzdem fühlst du dich fehl am Platze, weil man dich nicht richtig einführt und weil du vielleicht einen Arbeitsschwerpunkt brauchst."

Ich: „Ich bin sehr eigenständig, aber dort bin ich zu sehr auf mich selbst angewiesen. In gewissem Sinne hat man Vertrauen zu mir. Aber da ich kaum Anleitungen bekomme, muß ich mich auf meinen Instinkt verlassen, und da bin ich nicht sicher, ob ich damit immer richtig liege."

Selbsterwiderung: „Es ist irgendwie beruhigend, wenn einem vertraut wird, aber ohne Anleitung hast du immer das ‚Was-mache-ich-hier-eigentlich'-Gefühl."

Ich: „Genau. Manchmal frage ich mich bloß: ‚Was tust du hier?' Ich versorge eine Menge Leute mit dem Alltäglichen. Ich höre ihnen zu. Ich bringe sie an verschiedene Orte, zum Beispiel zum Arzt. Ich animiere sie zu Gesprächen, Spielen oder derlei Dingen. Doch es scheint, daß ich immer nur momentane Bedürfnisse befriedige. Ich bin mir nicht sicher, was die langfristigen Ziele dieses Hauses sind, und ob irgendjemand, mich eingeschlossen, in irgendeiner Form dahingehend wirkt."

Selbsterwiderung: „Du findest eine gewisse Befriedigung darin, den Leuten deine Dienste anzubieten. Aber den Mangel an einer durchgängigen Linie oder einer Richtung für dich und die Einrichtung findest du frustrierend."

Ich: „Frustrierend und verwirrend. Ich bin deprimiert. Ich halte nichts von mir und den Leuten, die das Haus leiten. Es ist ein Arbeiten in den Tag hinein, mit dem zeitweiligen Charakter eines Blindflugs. In den Besprechungen wird nicht wirklich über die Patienten gesprochen, sondern über Vorfälle! Ich weiß nicht, ob dieser Platz irgendeine Philosophie hat oder Ziele jenseits von Lagerhaltung und Ruhe bewahren."

Selbsterwiderung: „Was tust du, wenn es so schlecht läuft?"

Ich: „Ich fange an, mir Fragen zu stellen. Ich frag' mich, ob's an mir liegt. Vielleicht fehlt mir das, was ein guter Berater braucht. Ich frage mich, ob das Übergangsheim typisch ist für die Art Institutionen, die sich mit Leuten in Krisen beschäftigen. Ich frag' mich, ob im ganzen Berufsstand so viel Inkompetenz herrscht, wie mir in diesem Haus begegnet ... und auch am Institut."

Selbsterwiderung: „Was schlägst du also vor?"

Ich: „Das ist eine gute Frage. Vor allem glaube ich meinem Innersten, daß ich einen guten Berater abgeben könnte. Zweitens hinterfrage ich meinen eigenen Idealismus. Vielleicht ist die Welt der Berater einfach so. Ich grüble zu viel an dem herum, was am Institut und im Heim passiert. Ich muß wohl lernen, Defizite in Positiva zu verwandeln."

Der Trainer fährt damit fort, sich mit möglichen blinden Flecken und mit dem Zukunftsbild eines Idealisten auseinanderzusetzen, dessen Leben in zwei fehlerbehaften Institutionen verläuft.

1. Gehen Sie noch einmal die Selbsterwiderung des Studenten durch. Welche Art von Reaktionen zeigte er? Wie würden Sie ihre Qualität beurteilen? Haben sie ihn weitergebracht?

2. Wählen Sie einen Problembereich, der Ihnen wichtig ist, und fassen Sie einen derartigen Dialog mit sich selbst auf einem Extrazettel ab. Erzählen Sie kurz Ihre Geschichte, wählen Sie einen konfliktgeladenen Teil daraus und klären Sie ihn in Form spezifischer Erfahrungen, Verhaltensweisen und Gefühle. Bewegen Sie sich innerhalb der Schritte 1 und 2 der ersten Stufe.

Übung 28: Umgang mit Widerstand und anderen Problemen des Beratungsprozesses

Wie aus dem Text hervorgeht, gibt es zweierlei Probleme in Beratungssituationen: die Anliegen der Klienten und Schwierigkeiten im Beratungsablauf selbst. Widerstand von seiten der Klienten ist eine dieser Schwierigkeiten; er kann verschiedene Formen annehmen. Aber genauso wie das Dreistufenmodell angelegt ist, um Lebensprobleme der Klienten meistern zu helfen, so kann es Ihnen auch beim Umgang mit Beratungsrpoblemen helfen.

1. Ist-Zustand. Stellen Sie sich einen Klienten vor, der irgendeine Form von Abwehr zeigt. Beschreiben Sie detailliert, was Sie beobachten. Was sagt oder macht der Klient? Wie reagieren Sie?

2. Soll-Zustand. Was wäre, wenn diese Form von Abwehr bewältigt werden würde? Was würde der Klient tun oder sagen, das er jetzt nicht tut oder sagt?

3. Strategien. Stellen Sie im Brainstorming eine Liste von Strategien auf, die Ihnen helfen könnte, dem Klienten beim Abbauen seines Widerstands zu helfen.

4. Geeignete Strategie. Nach dem Brainstorming (nicht währenddessen) greifen Sie die Strategie oder Strategien heraus, die sie am brauchbarsten finden.

5. Beurteilung. Helfen Sie einander in der Übungsgruppe, Ihre Arbeit zu beurteilen.

Betrachten Sie folgendes **Beispiel:**

1. Ist-Zustand. Die Klientin zeigt Abwehr, indem sie über ihr eigenes Verhalten nicht spricht. Sie beschreibt die Problemstellung mit ihrem Mann fast ausschließlich durch Erfahrungen und Gefühle. Sie gibt ihm die Schuld an ihren Schwierigkeiten.

2. Soll-Zustand. Die Klientin ist an den Problemen mit ihrem Mann mitbeteiligt und beschreibt sie in Form ihrer eigenen Verhaltensweisen. Sie macht ihm keine Vorwürfe.

3. Strategien. Hier sind einige Strategien, die der Klientin helfen mögen, sich an der Problemsituation mitbeteiligt zu sehen.

- Lassen Sie ihren Wunschzustand beschreiben, wie **ihr** Umgang, ihre Bewältigung des gleichgültigen Verhaltens ihres Mannes aussehen könnte.
- Tauschen Sie die Rollen mit ihr. Lassen Sie sie den Berater spielen, der versucht, Sie dazu zu veranlassen, darüber nachzudenken, welchen Anteil **Sie** an der Problemsituation haben.
- Erzählen Sie ihr unmittelbar von den Schwierigkeiten, die sie Ihnen macht.
  Machen Sie ihr klar, daß Sie ihr nur helfen können, wenn sie anfängt die Problemlage in Form ihrer eigenen Handlungen oder Unterlassungen zu beschreiben.
- Gehen Sie mit ihr ein Beispiel durch, wie man eine unbeteiligte Aussage in eine beteiligte verwandelt. Wenn sie zum Beispiel sagt: „Mein Mann spricht nie mit mir über unsere Beziehung," dann sagen Sie zu ihr, „Ich wiederhole, was sie eben sagten, etwas verändert: ‚Ich würde gerne mit meinem Mann über unsere Beziehung sprechen. Ich habe noch keine Mittel und Wege gefunden, wie ich ihn dazu bringe.'" Anschließend diskutieren Sie mit ihr den Unterschied.

4. Geeignete Strategie. Der Berater wählt die erste Strategie, weil er meint, damit die Klientin auf die Zukunft statt auf die Vergangenheit hin zu orientieren und so das Problem des Anteil-Habens indirekt gelöst wird, ohne die Klientin zu befremden.

5. Beurteilung. Was halten Sie von der Wahl des Beraters? Welches Feedback würden Sie ihm geben? Wie würden Sie sich entscheiden (einschließlich Beispiele, die nicht auf der Liste stehen)?

Zusammenfassen

Es ist sinnvoll, an verschiedenen Punkten des Beratungsprozesses die Hauptergebnisse des Gesprächs zusammenzufassen oder von den Klienten zusammenfassen zu lassen. Das hilft den Klienten ihre Energien neu auszurichten und setzt sie unter Druck weiterzukommen. An diesem Punkt des Beratungsprozesses bedeutet das, sich auf die Art von Problemdefinition und Abklärung hinzubewegen, die in eine Entwicklung neuer Gegebenheiten und dem Setzen von Zielen mündet. Zusammenfassen kann ein taugliches Mittel sein, um dem Klienten beim Übergang von Stufe 1 zu Stufe 2 zu helfen.

Übung 29: Zusammenfassen als Methode der Problemklärung

Diese Übung setzt voraus, daß die „Trainees“ die Fertigkeiten und Methoden von Schritt 1 und 2 aneinander bereits angewandt haben.

1. Die Übungsteilnehmer teilen sich in Dreiergruppen auf.
2. In jeder dieser Gruppen werden drei Rollen übernommen: Berater, Klient und Beobachter.
3. Der Berater widmet der Beratung des Klienten etwa acht bis zehn Minuten. Der Klient sollte mit der Untersuchung einer der selbstgewählten Problemlagen fortfahren.
4. Nach vier Minuten faßt der Berater die Hauptpunkte des Gesprächs zusammen. Dabei soll er um Exaktheit und Kürze bemüht sein und bedenken, daß das dem Klienten helfen soll, sich auf jenes Ausmaß von Problemabklärung zuzubewegen, das für die Setzung neuer Ziele nötig ist. Der Berater kann sich auch auf frühere Gesprächsteile beziehen und insofern Schlüsse ziehen, als zwischen ihm und dem Klienten bereits Beratungsgespräche stattgefunden haben. Nach acht bis zehn Minuten sollte der Berater eine neuerliche Zusammenfassung treffen.

5. Nach jeder Zusammenfassung sollte der Berater den **Klienten** auffordern, gewisse Schlußfolgerungen aus der Zusammenfassung zu ziehen. Das heißt, der Klient soll den nächsten Schritt tun.

6. Danach wird die Interaktion unterbrochen und sowohl Beobachter als auch Klient geben dem Berater Feedback bezüglich der Genauigkeit und der Nützlichkeit der Zusammenfassung. Nützlich ist sie dann, wenn sie den Klienten im Beratungsprozeß weiterbringt.

7. Dieser Vorgang wird wiederholt bis jede Person in der Dreiergruppe jede der Rollen übernommen hat.

Betrachten Sie folgende Beispiele.

Beispiel 1

Es wäre zu umständlich, hier zehn Minuten eines Dialogs abzudrukken, doch sehen Sie sich diesen kurzen Auszug aus einem Fall an:

Ein junger Mann, 22, erzählt von bestimmten Entwicklungsproblemen. Eines seiner Probleme ist, daß er meint, bei Frauen nicht anzukommen. Eine Gesichtshälfte ist vernarbt infolge einer Brandverletzung vor zwei Jahren. Er hat bereits einige Bemerkungen über seine Schwierigkeiten im Umgang mit Frauen fallen lassen. Nach fünf Minuten Gespräch faßt der Berater zusammen.

Berater: „David, sehen wir mal, ob ich deine wichtigsten Punkte verstanden habe. Erstens meinst du, daß du wegen deiner Narbe Frauen abschreckst, bevor du überhaupt mit ihnen ins Gespräch kommst. Zweitens – und hier muß ich mich vergewissern, ob es das ist, was du sagen willst – dürfte dein Herangehen an Frauen vorsichtig sein oder zynisch oder vielleicht sogar unterschwellig feindselig, seitdem du irgendwie automatisch mit Ablehnung rechnest."
David: „Ja, aber wenn ich mir das jetzt so überlege, wäre ich mir nicht sicher, ob ich das überhaupt unterschwellig mache."
Berater: „Du hast auch gesagt, daß die Frauen, die du kennenlernst, vorsichtig dir gegenüber sind. Manche finden dich vielleicht sogar abstoßend. Andere starren dich an, weil sie in dir einen ‚schwierigen Menschen' sehen. Der Kreis schließt sich, da du ihre Vorsicht oder Unnahbarkeit auf dein körperliches Erscheinungsbild beziehst."
David: „Ich hör's nicht gerne so, aber das hab' ich wohl gesagt."
Berater: „Wenn diese Punkte in etwa zutreffen, dann frag' ich mich, welche Schlüsse du daraus ziehst."
David: **„Ich** bin derjenige, der mich ablehnt wegen meines Gesichts. Nichts kann besser werden, solange ich dagegen nichts unternehme."

Beachten Sie, daß der Klient eine Schlußfolgerung aus der Zusammenfassung zieht („In erster Linie lehne ich mich selbst ab.") und zu einer Absichtserklärung übergeht („Das muß ich ändern.").

Beispiel 2

Eine Frau, 47, hat über ihr Verhalten in der Übungsgruppe gesprochen. Sie spürt, daß sie wenig bestimmt auftritt und daß ihr das auf dem Weg, eine gute Beraterin zu werden, hinderlich ist. Sie und ihr Berater untersuchen dieses Thema ungefähr zehn Minuten lang, dann faßt der Berater zusammen:

Berater: „Ich möchte nun kurz die Hauptpunkte unseres Gesprächs zusammenfassen. Sie sind der Überzeugung, daß ein vernünftiges ‚Eindringen' in das Leben des Klienten für Sie als Berater eine Grundfertigkeit ist. Doch ist gerade das kein Bestandteil Ihrer normalen zwischenmenschlichen Umgangsformen. Sie sind zu zaghaft, um an irgend jemanden Forderungen zu stellen. Wenn Sie in Übungssitzungen die Rolle des Beraters übernehmen, dann fühlen Sie sich sogar unbehaglich, wenn Sie Einfühlungsvermögen zeigen und noch unbehaglicher, wenn sie minimale Ermutigung einsetzen. Also lassen Sie ihre Klienten schwafeln und ihre Probleme bleiben ungeordnet. Außerhalb von Übungssitzungen erleben Sie sich als ziemlich passiv, erst jetzt sind Sie sich dessen viel bewußter. Wenn das mehr oder weniger zutrifft, welchen Schluß ziehen Sie daraus?"

Klientin: „Wenn ich das alles so zusammenhängend höre, dann muß ich wohl sagen, daß ich nicht versuchen sollte, Beraterin zu werden. Aber ich glaube, damit würde ich zu leicht aufgeben. Gleich, was ich im Leben mache, ich kann nicht so ein zaghafter Mensch bleiben. Ich muß lernen, Risiken einzugehen."

So wie die Klientin ihre Situation jetzt sieht, ist sie risikofreudiger.

Das Feedback sollte sich auf Genauigkeit und Brauchbarkeit der Zusammenfassung konzentrieren, nicht auf eine weitere Untersuchung des Problems des Klienten. Vergessen Sie nicht, das Feedback ist am effektivsten, wenn es klar, präzise, verhaltensorientiert und nicht bestrafend ist.

Schritt 3: Klienten helfen, an blinden Flecken zu arbeiten und neue Perspektiven zu entwickeln

Die Fähigkeit Klienten herauszufordern bedarf der Information, fortgeschrittenen Einfühlung, Konfrontation, Selbst-Mitteilung des Beraters und Unmittelbarkeit. Zweck dieser Fertigkeiten ist, Klienten zu helfen, auf ihre blinden Flecken zu stoßen. Sie sollen neue Perspektiven und verhaltensbezogene Einblicke gewinnen, um die Problemlage klären zu können und um Zukunftsbilder zu entwickeln und problemlösende Ziele zu setzen. Die Fertigkeiten der Herausforderung stellen keine an sich wertvollen Verhaltensweisen dar. Sie sind nützlich als Instrumente im Prozeß der Problemklärung.

Informationen geben

Wie bereits erwähnt, gewinnen Klienten oft kein klares Bild einer Problemlage, weil sie sich nicht bewußt sind, daß es ihnen an Information fehlt, die für die Klärung erforderlich ist. Einem Klienten problemklärende Informationen anzubieten oder ihm zu helfen, diese selbst zu finden, ist natürlich nicht dasselbe, wie Ratschläge erteilen. Auch darf man das Vermitteln von Informationen nicht mit dem Anbieten von Klischees oder Amateurphilosophien verwechseln.

Übung 30: Information und neue Perspektiven

In dieser Übung sollen Sie sich damit auseinandersetzen, welche Art Information Klienten helfen kann, konkrete Problemstellungen klarer zu erkennen. Information kann, vielleicht etwas willkürlich, in zwei Bereiche unterteilt werden: a) Information, die Klienten hilft, ihre Schwierigkeiten besser zu verstehen und b) Information, die ihnen hilft, ihre Schwierigkeiten zu meistern. In dieser Übung geht es um die erste Informationsart. Betrachten Sie folgendes Beispiel.

Beispiel

Ein junger Mann im letzten Semester am College kam zu einem Berater, weil er schwer enttäuscht war, nicht in den Studiengang für Psychologie oder Beratung aufgenommen worden zu sein. Das College, das er besuchte, war eine Niederlassung einer größeren Universität. Er war ein Mensch mit durchschnittlicher Intelligenz. In seiner Bildungslaufbahn war er nur durch harte Arbeit so weit gekommen. Während die meisten seiner Freunde blieben, trat er aus dem Semester aus. Er war schon im Begriff das College zu verlassen. Zwar verließen auch einige Freunde das College, doch sie wurden alle von Hochschulen aufgenommen. Seiner Meinung nach setzten die meisten Leute also ihre Ausbildung fort. Er fühlt sich als Versager und ausgeschlossen.

In diesem Fall erkennt der Berater, daß der Klient einer Reihe von Fehleinschätzungen bezüglich Bildung und dem Verhältnis zwischen Bildung und attraktivem Job unterliegt. Er beschreibt dem Klienten die „Bildungspyramide", also den Prozentsatz derer in Nordamerika, die eine Volksschule besuchen, den Prozentsatz, die abschließen, den Anteil, die eine Oberschule besuchen, der Abiturienten und so weiter. Hat der Klient erst einmal diesen größeren Überblick, kann er seine Situation in einem weiteren Kontext sehen. Der Berater gibt weitere Informationen über Berufsausbildungsmöglichkeiten. Da der Klient sowohl Oberschule als auch College besucht hatte, hatte er einen sehr eingeengten Überblick, welche Art Jobs es überhaupt gibt und welche Art von Berufsausbildung ihm überhaupt offensteht.

Beachten Sie, daß dieses Informationsgespräch weder eine Art Unterweisung darstellte noch auf subtile Weise dem Klienten sein Problem ausreden sollte. Schon eher näherte es sich einem „blinden Fleck" an und verhalf ihm zur Entwicklung neuer Perspektiven, die ihm das Setzen eigener Ziele ermöglichen würden.
Welche Art von Information, glauben Sie, könnte in den folgenden Fällen den Klienten helfen, ihre Problemlage klarer zu erkennen? Welche „blinden Flecke" könnten durch neue Informationen erhellt werden? Welche neue Perspektiven könnten durch Informationen eröffnet werden?

(1) Ein Mann, 26, wurde zu fünf Jahren Haft verurteilt. Er spricht mit einem Seelsorger, der in dem Gefängnis, in das der Mann eingewiesen wird, seit zehn Jahren beschäftigt ist und der ihn schon während seiner Verhandlung betreut hat. Der Mann fürchtet sich zu Tode vor dem Gefängnis und spricht sogar davon, sich das Leben zu nehmen. Welche Informationen könnten ihm helfen, seine Probleme in einen brauchbaren Kontext zu setzen?

___

___

(2) Eine Frau, 45, hat erfahren, daß sie Krebs hat und sich bald einer Brustoperation unterziehen muß. Sie wurde auf eine Selbsthilfegruppe von Frauen verwiesen, die diese Operation hinter sich haben. Sie spricht nun mit einer Frau aus dieser Gruppe.

___

___

(3) Eine vergewaltigte Frau, 28, spricht mit einem Berater in einem Zentrum für vergewaltigte Frauen. Sie hat den Vorfall noch nicht angezeigt.

---

(4) Ein Mann kommt zur Beratung, weil er fürchtet, Alkoholiker zu sein. Seit Jahren ist er ein schwerer Trinker, in letzter Zeit nahm er erstmals körperliche Symptome wahr, wie zum Beispiel Ohnmachtsanfälle. Er kennt keinen Alkoholiker.

---

(5) Ein Mann, 41, kommt zur Beratung, weil er Angst hat, verrückt zu werden. Er hat eine Reihe von Problemen. Seine Ehe hat sich ungefähr seit einem Jahr rapide verschlechtert. Seine Frau und er können nicht gut miteinander umgehen. Er merkt, wie sich seine halbwüchsigen Kinder von ihm wegbewegen, und das kann er nicht verstehen. Er trinkt mehr als er sollte. Er ist deprimiert, kann sich zwischendurch aufmuntern und verfällt wieder in Depressionen. Seit einiger Zeit stiehlt er Kleinigkeiten aus Geschäften, nicht weil er sie braucht, sondern weil ihn das aus unerklärlichen Gründen aufbaut.

---

(6) Cindy, 23, hatte innere Blutungen. Sie muß sich bald einer Reihe von Tests unterziehen. Sie hat große Angst und fürchtet das Schlimmste. Noch nie in ihrem Leben war sie ernstlich krank. Sie fürchtet sich vor den Ärzten, den Tests, dem Krankenhaus. Sie hat noch nicht einmal jemanden im Krankenhaus besucht.

---

(7) Tim, 18, raucht seit etwa drei Jahren Marihuana, und zwar ziemlich stark. In letzter Zeit hat er mehrere harte Schläge erlitten. Sein Vater ist plötzlich verstorben, seine Freundin hat ihn verlassen. Jetzt befürchtet er, daß er sich durch Cannabis-Rauchen schwere, irreversible genetische Schäden zugefügt hat. Er möchte es aufgeben, doch meint er, es in dieser Phase besonderer Belastung zu brauchen. Außerdem fürchtet er Entzugssymptome.

---

(8) Edna, 17, ist unverheiratet und zum dritten Mal ungewollt schwanger. Zweimal hat sie schon abgetrieben. Deswegen hat sie Schuldgefühle. Sie überlegt, dieses Kind vielleicht zu gebären. Trotz ihres häufigen Partnerwechsels, scheint sie wenig über Sex zu wissen. Sie glaubt, daß sie die Männer nur ausnützen.

---

(9) Maxine, 54, hat einen Schlaganfall erlitten, in dessen Folge sie linksseitig teilweise gelähmt und leicht sprachbehindert ist. Sie soll bald in ein Rehabilitationszentrum eingewiesen werden. Sie ist deprimiert.

Übung 31: Informationen, um neue Perspektiven für eigene Probleme entwickeln zu können

In dieser Übung sollen Sie die Problembereiche noch einmal durchgehen, die Sie zur Behandlung im Trainingsprogramm ausgewählt haben. Greifen Sie zwei Gebiete heraus und untersuchen Sie, ob Ihnen irgendwelche Informationen helfen würden, Ihr Problem gründlicher zu verstehen oder in eine bessere Perspektive zu rücken. Betrachten Sie folgendes Beispiel.

Beispiel

Ein Teilnehmer, 30, ist seit über einem Jahr verheiratet. Er hat eben seinen Job aufgegeben, um in einen Beraterlehrgang einzusteigen. Er hat Probleme in seiner Ehe. Jetzt läßt er sich noch einmal durch den Kopf gehen, ob es richtig war, den Beruf aufzugeben und die Ausbildung anzufangen. Er hatte keine psychologische Vorbildung. Sein Schwerpunkt am College war Geschichte. Während dieser Übung wirft er folgende Frage auf:
„Welche Art Information würde mich meine Problemlage klarer erkennen lassen?

- Ich muß wissen, welche berufliche Möglichkeiten es für mich mit einem Magistertitel in Beratungspsychologie gibt.
- Es wäre günstig für mich (und meine Frau), mehr darüber zu wissen, welche Hauptschwierigkeiten bei Paaren während der ersten beiden Ehejahre üblicherweise auftauchen.
- Mir ist vage bewußt, daß ich mich in einem besonderen Entwicklungsstadium befinde (Übergang zu 30) mit seinen besonderen normativen Krisen. Ich weiß nichts über diese Lebensperiode in unserem Kulturkreis und nicht wie sich das Gängige auf mich übertragen läßt.
- Ich brauche mehr Feedback darüber, wie ich mich im Trainingsprogramm so durchschlage. Ich möchte wissen, was ich in diesem Bereich gut mache.

Wählen Sie zwei Gebiete aus, mit denen Sie arbeiten wollen und fragen Sie sich, welche Art von Information Ihnen helfen würde, sich und Ihre Lage klarer zu erkennen.

Problembereich Nr. 1: ______________________________

____

Nötige Information: ______________________________

____

Problembereich Nr. 2: ______________________________

____

Nötige Information: ______________________________

____

Aktivierende Empathie

Aktivierende Empathie („advanced empathy“) bedeutet, einfach formuliert, das Mitteilen von **Vermutungen** bezüglich der Klienten und ihrer offenen und versteckten Erfahrungen, Verhaltensweisen und Gefühle, die ihnen Ihrem Dafürhalten nach helfen können, Probleme und Anliegen deutlicher zu erkennen, und beitragen, Zukunftsbilder zu entwickeln, Ziele zu setzen und zu handeln. Aktivierende Empathie als Mitteilung von Vermutungen kann auf verschiedene Weisen ausgedrückt werden; einige davon werden unten kurz wiederholt. Bevor Sie allerdings die Übungen beginnen, gehen Sie den folgenden Abschnitt durch.

Einige Zugänge zu aktivierender Empathie

- Vermutungen, die den Klienten helfen, ein **„erweitertes Bild“** zu sehen. Beispiel: „Das Problem scheint nicht mehr bloß in Ihrem Verhalten gegenüber Ihrem Schwager zu liegen. Ihre Abneigung scheint sich irgendwie auf seine Mitarbeiter ausgedehnt zu haben. Könnte das der Fall sein?“
- Vermutungen, die die Klienten erkennen lassen, was sie **indirekt** oder lediglich **implizit** mitteilen. Beispiel: „Ich denke, ich höre Sie auch sagen, daß Sie mehr als enttäuscht sind – vielleicht ein wenig verletzt und verärgert.“
- Vermutungen, die den Klienten helfen, **logische Schlußfolgerungen** aus dem zu ziehen, was sie sagen. Beispiel: „Nach allem, was Sie über ihre Freundin erzählt haben, scheinen Sie damit auch sagen zu wollen, daß es Ihnen derzeit leid tut, mit ihr zusammen zu sein. Ich weiß, das haben Sie nicht direkt gesagt. Aber ich frage mich, ob Sie das wirklich so fühlen.“
- Vermutungen, die den Klienten helfen, Bereiche zu erschließen, die sie bloß **andeuten**. Beispiel: „Ein paarmal haben Sie sexuelle Themen angeschnitten, sie aber nicht verfolgt. Es scheint mir, daß Ihnen Sex ziemlich wichtig ist – aber vielleicht auch ein ziemlich heikles Thema für Sie.“
- Vermutungen, die den Klienten helfen, Dinge wahrzunehmen, die sie vielleicht **übersehen**. Beispiel: „Ich frag’ mich, ob manche Leute nicht vielleicht Ihren Witz zu persönlich nehmen und eher als Sarkasmus statt als Humor auffassen.“

- Vermutungen, die den Klienten helfen, **durchgehende Themen** zu erkennen. Beispiel: „Wenn ich mich nicht irre, so haben Sie zwei-, dreimal erwähnt, daß Sie es manchmal schwierig finden, für ihre eigenen legitimen Rechte einzustehen. Zum Beispiel ..."
- Vermutungen, die den Klienten helfen, Erfahrungen, Verhaltensweisen und/oder Gefühle ganz als ihre eigenen zu erkennen, obwohl sie sie nur teilweise anerkennen. Beispiel: „Das klingt so, als hätten Sie bereits beschlossen, ihn zu heiraten, aber ich glaube nicht, daß Sie das direkt sagen würden."

Übung 32: Behutsamkeit bei der Herausforderung von Klienten

Herausforderungen sind wirksamer, wenn sie nicht wie Anklagen klingen. Man soll also einen Mittelweg finden zwischen Anklage und übermäßiger Vorsicht, die der Herausforderung den Stachel raubt.

1. Unterstreichen Sie in der obigen Aufzählung der verschiedenen Varianten von Vermutungen bitte jene Wörter und Redewendungen, die der Herausforderung eine vorsichtige Note verleihen.
2. Äußern Sie sich, ob darin Ihrer Meinung nach ein sinnvoller Grad von Vorsicht ausgedrückt wird.
3. Führen Sie noch andere Möglichkeiten an, wie Vorsicht ausgedrückt werden kann.

Übung 33: Aktivierende, treffende Empathie – Vermutungen über sich selbst

Ein Weg, um ein auf Erfahrung beruhendes Gefühl für aktivierende Empathie zu bekommen, ist, eine Situation oder ein Problem Ihres eigenen Lebens, über das sie sich Klarheit verschaffen wollen, **auf zwei Ebenen** zu untersuchen. Die erste Ebene des Verstehens könnte man als oberflächlich bezeichnen, die zweite als mehr objektiv, tiefer.

1. Gehen Sie den Abschnitt über aktivierende Empathie noch einmal durch.
2. Lesen Sie die unten angeführten Beispiele.
3. Wählen Sie ein Problem, ein Thema, eine Situation oder eine Beziehung, mit der Sie sich auseinandergesetzt haben, über die Sie sich Klarheit verschaffen wollen und für die Sie eine Veränderung anstreben. Wählen Sie wie immer Probleme, über die Sie mit den

Teilnehmern Ihrer Gruppe sprechen können und solche, die sich positiv auf Ihre Fähigkeiten als Berater auswirken können.
4. Beschreiben Sie zuerst, den Beispielen folgend, das Problem.
5. Geben Sie dann Ihre spontane, „oberflächliche“ Beschreibung des Problems.
6. Äußern Sie schließlich eine **Vermutung**, die Sie über sich im Zusammenhang mit diesem Problem haben. Begeben Sie sich sozusagen „unter die Oberfläche“. Rühren Sie an möglichen blinden Flecken. Versuchen Sie eine neue Perspektive von sich selbst und dem Problem zu entwickeln, eine, die Sie die Dinge klarer sehen läßt, so daß Sie zu überlegen beginnen, wie Sie handeln könnten.
7. Besprechen Sie Ihre Beispiele mit einem oder mehreren Mitgliedern Ihrer Gruppe, und lassen Sie sich Feedback geben.

Beispiel 1: Ein Mann, 25, in einer Übungsgruppe für Berater.

Problem: Seine Erfahrung in der Übungsgruppe läßt ihn an seiner Fähigkeit und Bereitwilligkeit, nähere Beziehungen einzugehen, zweifeln.
Ebene 1: „Ich mag Leute und ich zeige das durch meine Bereitschaft, mit ihnen intensiv zusammenzuarbeiten. In dieser Gruppe, zum Beispiel, sehe ich mich als einen fleißigen Arbeiter. Ich höre den anderen genau zu und versuche sorgfältig zu reagieren. Ich sehe mich als ein sehr aktives Mitglied dieser Gruppe. Ich ergreife die Initiative und gehe auf andere zu. Ich arbeite gerne mit den Leuten hier.“
Ebene 2: „Betrachte ich näher, was ich hier so mache, dann muß ich hinter meinem Arbeitseifer und hinter meinem kompetenten Äußeren erkennen, daß ich mich nicht wohlfühle. Ich komme mit mehr Befürchtungen hier her, als ich eingestanden habe, sogar mir selbst gegenüber. Ich vermute, daß ich mich vor menschlicher Nähe ziemlich fürchte. Ich fürchte, sowohl hier als auch bei ein paar Beziehungen außerhalb der Gruppe, daß mich jemand um mehr bittet, als ich geben will. Das macht mich hier und auch draußen nervös. Es gibt in dieser Gruppe ein paar Leute, vor denen ich mich fürchte.“

Nun kann der Teilnehmer mit einzelnen Kollegen über seine Befürchtungen reden. So soll er sich mit seiner Angst vor Nähe befassen.

Beispiel 2: Eine Frau, 33, in einer Übungsgruppe.

Problem: Auf der Grundlage von Erfahrungen, die sie in der Gruppe gemacht hat, untersucht sie ihre Einstellung zu sich selbst. Diese ist nicht so positiv, wie sie gedacht hatte. Sie meint, das könne ihre Wirksamkeit als Beraterin beeinträchtigen.
Ebene 1: „Ich mag mich, und zwar aus der Tatsache heraus, daß ich ungezwungen mit anderen umgehen kann. Eine Reihe von Dingen mag ich besonders an mir: ich bin fleißig; ich glaube, daß ich als Berater mit anderen gut arbeiten kann; ich fordere mich selbst, stelle aber keine übertriebenen Forderungen an andere."
Ebene 2: „Wenn ich mich genauer betrachte, merke ich, daß ich fleißig arbeite, weil ich meine, das zu müssen. Meiner Vermutung nach zählt ‚müssen' für mich mehr als ‚wollen'. Schwer zu arbeiten macht mir Spaß, doch gleichzeitig erlöst es mich davon, mich schuldig zu fühlen. Arbeite ich nicht ‚fleißig genug', dann bekomme ich Schuldgefühle oder fühle mich minderwertig. Ich fange an zu begreifen, daß ich unter einem allzustarken Perfektionsdrang leide. Ich beurteile mich selbst **und** andere härter, als mir lieb wäre."
Sie fährt mit einer Untersuchung der „Sätze" fort, die sie zu sich über sich selbst sagt, und der Art, wie sie möglicherweise ihre Übungskollegen beurteilt.

Wählen Sie zuerst vier Bereiche, Themen oder Anliegen aus, zu denen Sie nach obigen Beispielen Vermutungen mittels Empathie entwickeln wollen. Wählen Sie zunächst die Bereiche, ohne die Vermutungen auszusprechen.

a. ______________________________

____

b. ______________________________

____

c. ______________________________

____

d. ______________________________

____

Entwickeln Sie, so wie in den Beispielen, Ebene 1 und Ebene 2 (tiefere empathische Vermutungen) anhand Ihrer eigenen Probleme – Ihrer Erfahrungen, Ihrer Verhaltensweisen, Ihrer Gefühle. Schreiben Sie auf einem Extrablatt.

Übung 34: Der Unterschied zwischen verstehender und aktivierender Empathie

In dieser Übung wird vorausgesetzt, daß der Berater und sein Klient eine gute Beziehung zueinander haben, daß die Anliegen des Klienten aus seiner Perspektive untersucht wurden und daß der Klient nun eine Herausforderung braucht, um die Problemlage aus einer neuen Perspektive oder in einem neuen Beziehungsrahmen sehen zu können. Setzen Sie sich noch einmal mit dem Material über aktivierende Empathie auseinander. Dann folgen Sie diesen Anleitungen:

1. Stellen Sie sich in jedem einzelnen Fall vor, der Klient spräche direkt mit Ihnen.
2. Reagieren Sie in (a) auf das Gesagte mit verstehender Empathie. Verwenden Sie die Formel oder Ihre eigenen Worte.
3. Äußern Sie als nächstes ein oder zwei Vermutungen bezüglich der Erfahrungen, des Verhaltens und der Gefühle des Klienten, Vermutungen, die ihm helfen werden, die Problemlage deutlicher wahrzunehmen. Gehen Sie vom Material im **Kontext**-Abschnitt (siehe unten) und von den Worten des Klienten aus. Fragen Sie sich: „Aus welchen **Stichwörtern** leite ich diese Vermutung ab?"
4. Antworten Sie dann in (b) schließlich mit aktivierender Empathie, das heißt, äußern Sie eine Vermutung, die Ihrer Ansicht nach für den Klienten hilfreich ist. Äußern Sie sich so, daß Sie den Klienten nicht vor den Kopf stoßen.

Beispiel

Kontext: Ein Mann, 48, Ehemann und Vater, untersucht die schlechte Beziehung zu seiner Frau und seinen Kindern. Im allgemeinen sieht er **sich** als Opfer und fühlt sich falsch behandelt (das heißt, wie viele Klienten betont er mehr seine Erfahrung als sein Verhalten). Sein Benehmen gegenüber seiner Familie hat er noch nicht untersucht. An dieser Stelle spricht er über seinen Sinn für Humor.

Klient: „Zum Beispiel stehe ich auf Partys oft im Mittelpunkt, weil ich witzig bin. Fast jeder lacht. Ich glaube, ich biete viel Unterhaltung und andere mögen das. Aber das ist auch so eine Sache, an der ich daheim scheitere. Wenn ich versuche, witzig zu sein, lachen meine Frau und meine Kinder nicht, zumindest nicht richtig. Manchmal fassen Sie meinen Humor falsch auf und werden ärgerlich. Ich muß in meinem eigenen Haus tatsächlich auf der Hut sein."

a. Verstehende Empathie: „Es irritiert Sie, wenn Ihre eigene Familie nicht zu schätzen weiß, was sie als eines ihrer Talente empfinden."

Vermutung: Die Familie möchte einen Ehemann und Vater und keinen Humoristen. Sein Humor ist, zumindest zu Hause, nicht so harmlos, wie er meint.

b. Aktivierende Empathie: „Ich frag' mich, ob die Reaktion Ihrer Familie anders interpretiert werden könnte. Vielleicht wollen sie keinen Entertainer zu Hause, sondern einfach einen Ehemann und Vater, wissen Sie, ganz einfach Sie."

(1) Kontext: Ein Technikstudent im ersten Jahr der Hauptdiplomphase hat gegenüber einem Berater seine Enttäuschung mit sich und seiner Leistung im Studium ausgedrückt. Er hat Themen, wie seine Abneigung gegen die Hochschule und einige Lehrer, untersucht.
Klient: „Ich habe einfach fast keinen Enthusiasmus. Meine Noten sind akzeptabel, vielleicht etwas unter dem Durchschnitt. Ich weiß, ich könnte besser sein, wenn ich wollte. Ich weiß nicht, warum meine Enttäuschung über die Schule und einige Fakultätsmitglieder mir so zusetzt. Das paßt gar nicht zu mir. Seit ich mich erinnern kann, schon in der Volksschule, als ich noch keine Ahnung hatte, was ein Ingenieur macht, wollte ich einer werden. Theoretisch müßte ich mich freuen wie ein junger Hund, daß ich nun so weit bin, aber tatsächlich sieht es anders aus."

a. Verstehende Empathie: ______________________________

____

Vermutung: ____

____

b. Aktivierende Empathie: ______________________________

____

(2) Kontext: Dieser Mann, 64, ging im Alter von 62 in den vorgezogenen Ruhestand. Er und seine Frau wollten die verbleibenden gemeinsamen Jahre voll genießen. Doch seine Frau starb ein Jahr später. Auf Anraten seiner Freunde hat er schließlich einen Therapeuten aufgesucht. Er hat einige der Probleme untersucht, die ihm der Ruhestand bereitet. Seine beiden verheirateten Söhne leben mit ihren Familien in anderen Städten. Im Beratungsgespräch hat er wiederholt das Thema des Verlusts aufgeworfen.

Klient: „Ich sehe die Kinder nur selten. Ich freue mich sehr über sie und ihre Familien, wenn sie mal kommen. Mit ihren Frauen komme ich wirklich gut aus. Aber jetzt, da meine Frau nicht mehr lebt ... (Pause) ... und seit ich aufgehört habe zu arbeiten ... (Pause) ... scheine ich nur ziellos im Haus rumzugehen, was meinem Wesen eigentlich überhaupt nicht entspricht. Ich glaube, ich sollte das Haus verkaufen, aber es ist voll von Erinnerungen – bittersüßen Erinnerungen. Es waren gute Jahre hier. Die Jahre scheinen im Flug vergangen zu sein, und jetzt haben sie mich unerwartet eingeholt."

a. Verstehende Empathie: ______________________________

____

Vermutung: ______________________________

____

b. Aktivierende Empathie: ______________________________

____

(3) Kontext: Eine alleinstehende Frau, 33, spricht mit einem Seelsorger über ihr soziales Leben. Sie hat eine sehr enge Freundin und hält große Stücke von ihr. Sie untersucht die Hochs und Tiefs dieser Beziehung. Im Beratungsgespräch ist die Frau etwas laut und aggressiv.

Klientin: „Ruth und ich haben so eine Auf- und Ab-Bewegung in letzter Zeit. Manchmal läuft's großartig. Wir essen zusammen, gehen einkaufen, all diese Sachen eben. Aber manchmal scheint sie abzuschalten. Wissen sie, sie versucht mir aus dem Weg zu gehen. Aber das geht nicht so einfach. Mir liegt etwas an ihr. Seit etwa zwei Wochen hat sie immer Ausflüchte gefunden. Ich weiß nicht, warum sie so davonläuft. Ich weiß, daß wir verschieden sind. Sie ist ruhiger, und ich bin eben ein lauter Mensch. Aber normalerweise steht unsere Verschiedenartigkeit nicht zwischen uns.“

a. Verstehende Empathie:______________________________

____

Vermutung: ____

____

b. Aktivierende Empathie:______________________________

____

(4) Kontext: Ein Mann, 40, spricht mit einem Eheberater. Es ist das dritte Mal in vier Jahren, daß er ihn aufsucht. Seine Frau ist noch nie mitgekommen. Bislang ist er jeweils bloß zu ein, zwei Sitzungen erschienen und dann ausgestiegen. In dieser Sitzung hat er viel über die jüngsten Ärgernisse mit seiner Frau erzählt.

Klient: „Ich könnte Ihnen darüber erzählen, was sie so tut und läßt. Es ist eine Litanei. Sie weiß einen zu bestrafen, nicht bloß mich, sondern auch andere. Ich weiß nicht einmal, warum ich da noch mitspiele. Ich möchte, daß sie in die Beratung kommt, doch sie will nicht. Also bin ich wieder hier, an ihrer Stelle.“

a. Verstehende Empathie:______________________________

____

Vermutung: ____

____

b. Aktivierende Empathie:______________________________

____

(5) Kontext: Eine Schülerin der Oberstufe spricht mit einem Berater über's College und die Kurse, die sie belegen könnte. Sie erwähnt auch, etwas zögernd, ihre Enttäuschung darüber, daß sie nicht als Rednerin für die Abschlußfeier ihrer Schule gewählt wurde. Sie und fast alle anderen hatten erwartet, daß sie ausgewählt würde.

Klientin: „Ich weiß, ich wäre gerne Abschlußrednerin unserer Klasse gewesen, aber auf so etwas sollte man wohl nicht allzusehr setzen. Sie haben es an Jane übertragen. Sie wird es gut machen. Sie redet gut und sie ist sehr beliebt. Doch niemand hat ein **Recht** Abschlußredner zu sein. Ich würde mich wohl selbst anlügen, wenn ich anders dächte. Ich war besser in der Schule als Jane, aber ich bin nicht so gesellig oder beliebt."

a. Verstehende Empathie:______________________________

____

Vermutung____

____

b. Aktivierende Empathie:_____________________________

____

(6) Kontext: Ein College-Professor, 43, redet mit einem Freund, der zufällig Berater ist, über seine Wertvorstellungen. Er ist nicht ganz zufrieden mit seinen eigenen Prioritäten, doch er hat nie viel unternommen, um sich mit seinen derzeitigen Wertvorstellungen ernsthaft auseinanderzusetzen. Gelegentlich sprechen die zwei über dieses Thema, doch kommen sie zu keinem Schluß. Der Klient ist ledig. Arbeit scheint in der Wertskala ganz oben zu stehen.

Klient: „Also, es ist für dich nichts Neues, daß ich viel arbeite. Es gibt praktisch keinen Tag, an dem ich aufstehe und mir sage: ‚Gut, heute ist ein freier Tag und ich kann einfach machen, was ich will.' Es klingt furchtbar, wenn ich das so sage. Seit etwa zehn Jahren mache ich das nun schon. Ich denke, ich sollte etwas dagegen tun, aber offensichtlich ist es ja meine freie Entscheidung. Was ich tue, mache ich freiwillig. Keiner zwingt mich zu irgendwas."

a. Verstehende Empathie:______________________________

____

Vermutung: ____

____

b. Aktivierende Empathie:_____________________________

____

(7) Kontext: Ein Mann, 50, mit verschiedenartigen Lebensproblemen, spricht mit einem Berater. Er neigt dazu, ständig seine Unzulänglichkeiten wiederzukäuen. Ein zweites Gespräch beginnt er mit der konstruierten Einleitung:

Klient: „Ich brauche bloß daran zu denken, was in der Vergangenheit so passiert ist und was jetzt gerade los ist, und schon geht es mir schlecht. Vier Monate lang hab ich schwer getrunken. In den letzten Jahren habe ich allerhand dazu beigetragen, meine Ehe zu ruinieren. Indem ich zum Beispiel ständig die Jobs wechsle. Jetzt leben meine Frau und ich getrennt. Ich verdiene nicht genug, um ihr viel zu geben, und die Hoffnung auf einen besseren Job ist dumm in der derzeitigen Wirtschaftslage. Ich bin mir gar nicht sicher, was ich überhaupt anzubieten habe."

a. Verstehende Empathie: ______________________________

____

Vermutung: ______________________________________

____

b. Aktivierende Empathie: ______________________________

____

(8) Kontext: Eine geschiedene Frau, 35, mit einer 12jährigen Tochter, spricht mit einem Berater über ihre Beziehung zu Männern. Sie erwähnt, daß sie ihre Tochter bezüglich ihres Sexuallebens belügt. Sie hat ihr erzählt, daß sie keine sexuellen Kontakte zu Männern pflegt, was allerdings nicht stimmt.

Klientin: „Ich will meine Tochter nicht verletzen, indem ich ihr meine Schattenseite zeige. Ich weiß nicht, wie sie damit umginge. Was meinen Sie? Ich würde gerne ehrlich sein und ihr alles erzählen. Ich will aber nicht, daß sie mich geringschätzt. Ich schlafe gern mit jemandem. Daran hab ich mich während meiner Ehe gewöhnt, und ich möchte das auf keinen Fall aufgeben. Ich wünschte, Sie könnten mir einen Rat geben, wie ich gegenüber meiner Tochter verfahren soll."

a. Verstehende Empathie: ___________________________

____

Vermutung: ___________________________________

____

b. Aktivierende Empathie: ___________________________

____

(9) Kontext: Dieser Mann, 35, wurde kürzlich von seiner Frau verlassen. Er hat verzweifelt versucht, sie zurückzugewinnen, sie aber will sich scheiden lassen. Teil seiner Strategie, sie wiederzugewinnen, war es, seine Rolle in der Ehe zu überprüfen und seine Fehler freimütig „einzugestehen" – sowohl gegenüber dem Berater als auch seiner Frau. Früher war ein Teil seines Problems mit seiner Frau und auch mit anderen, in Auseinandersetzungen immer recht haben zu wollen. Er konnte nicht eingestehen, daß er sich möglicherweise irrte.

Klient: „Ich weiß nicht, was mit ihr los ist. Sie bekam von mir alles, was sie wollte. Ich meine, ich habe alle meine Fehler zugegeben. Allerdings würde ich nicht die Schuld für Dinge auf mich nehmen, die an ihr lagen. Doch sie interessiert sich nicht für mein verändertes Ich! Gleich was ich mache, ich bin immer unten durch."

a. Verstehende Empathie: ___________________________

____

Vermutung: ___________________________________

____

b. Aktivierende Empathie: ___________________________

____

(10) Kontext: Eine Nonne, 42, Mitglied einer Gesprächstrainingsgruppe, erzählt von ihrer Unzufriedenheit mit ihrem derzeitigen Job. An und für sich ist sie Krankenpflegerin, doch derzeit unterrichtet sie an einer Grundschule, wegen eines – wie sie sagt – „dringenden

Bedarfs" dieser Schule. Wenn man sie drängt, erfährt man ganz beiläufig, daß sie viele Jahre unzufrieden mit ihrem Berufsleben war. In der Gruppe hat sie sich als intelligent und fürsorglich erwiesen, doch neigt sie zu sehr zurückhaltendem Handeln und Sprechen.

Klientin: „Der Grund, weshalb ich über meinen Beruf spreche ist der, daß ich nicht Berater werden will, um dann herauszufinden, daß das nur ein weiterer Job ist, mit dem ich unzufrieden bin. Das wäre unfair gegenüber den Leuten, mit denen ich zusammenarbeiten würde und gegenüber dem Orden, der meine Ausbildung bezahlt."

a. Verstehende Empathie:________________________

____

Vermutung: ________________________________

____

b. Aktivierende Empathie:________________________

____

Selbstmitteilung des Beraters

Berater sollten **bereit** sein, auch von sich Dinge preiszugeben, die den Klienten beim Verständnis eigener Probleme unterstützen. Allerdings nur, wenn derlei Enthüllungen die Klienten nicht verwirren und sie nicht von ihrer Arbeit ablenken.

Übung 35: Eigene Erfahrungen, die anderen helfen können

In dieser Übung sollten Sie auf Probleme eingehen, die Sie Ihrer Ansicht nach bewältigt haben, bzw. mit denen Sie gut umgehen können. Stellen Sie fest, was Sie von sich mitteilen wollen, das einem Klienten mit einer **ähnlichen** Problemstellung zum Verständnis seiner eigenen Situation verhelfen könnte. Das heißt, was könnten Sie über sich erzählen, das dem Klienten vielleicht weiterhilft? Betrachten Sie folgende Beispiele.

Beispiel 1

Auszubildender: „In der Vergangenheit war ich Experte in Sachen Selbstmitleid immer dann, wenn Schwierigkeiten auf mich zukamen. Ich kenne die Vorteile dieser Opferrolle genau. Diese Opferphantasien dienten mir zum Tagträumen, zur Erholung. Ich glaube, viele Klienten versinken im Schlamm ihrer Probleme, weil sie es **zulassen**, sich selbst leid zu tun. Das hab' ich früher genauso gemacht. Ich glaube, ich kann diese Tendenz in anderen erkennen. Wenn dieses Problem vorkommt, dann könnte ich kurz Beispiele von meinen eigenen Erfahrungen mitteilen und dann die Klienten überprüfen lassen, ob das, was ich getan habe, sich mit dem deckt, was sie jetzt tun."

Beispiel 2

Auszubildender: „Ich war nach vielen Dingen süchtig in meinem Leben, und meine verschiedenen Süchte folgten einem bestimmten Muster. Ich war zum Beispiel süchtig nach Alkohol, Zigaretten und Schlaftabletten. Ich war auch vielen Leuten hörig. Dadurch war ich oft in meinem Leben sehr abhängig. Meine Abhängigkeit und meine Sucht wiesen die gleichen Symptome auf. Ich kenne die Angst des Gehenlassens und den Schmerz des Entzugs gut. Ich glaube, ich könnte einiges davon meinen Klienten vermitteln, ohne ihnen Vorwürfe zu machen oder sie zu erschrecken oder von ihren eigenen Anliegen abzulenken."

1. Führen Sie vier Bereiche an, aus denen Sie etwas mitteilen könnten, das den Klienten mit ähnlich gelagerten Problemen helfen könnte. Deuten Sie nur kurz den Bereich an.

a. ______________________________

____

b. ______________________________

____

c. ______________________________

____

d. ____

____

2. Schreiben Sie zu jedem Bereich ausführlichere Kommentare auf ein Extrablatt – ähnlich wie in den Beispielen.

Übung 36: Angemessene Selbstmitteilung des Beraters

In dieser Übung sollen Sie die Situationen der Klienten aus Übung 34 noch einmal durchgehen. Fragen Sie sich, ob das Mitteilen eigener Erfahrungen Ihrem Gefühl nach dem Klienten irgendwie helfen kann. Das heißt allerdings nicht, daß Sie sich dann dem Klienten tatsächlich mitteilen. Sie sollen sich bloß überlegen, ob Sie Erfahrungen gemacht haben, die dem Klienten ein Problem deutlicher machen könnten. Gehen Sie folgendes Beispiel aus Übung 34 durch:

Kontext: Ein Mann, 48, Ehemann und Vater, untersucht die schlechte Beziehung zu seiner Frau und seinen Kindern. Im allgemeinen sieht **er** sich als Opfer und fühlt sich falsch behandelt (das heißt, wie viele Klienten betont er mehr seine Erfahrung als sein Verhalten). Sein Benehmen gegenüber seiner Familie hat er noch nicht untersucht. An dieser Stelle spricht er über seinen Sinn für Humor.

Klient: „Zum Beispiel stehe ich auf Partys oft im Mittelpunkt, weil ich witzig bin. Fast jeder lacht. Ich glaube, ich biete viel Unterhaltung, und andere mögen das. Aber das ist auch so eine Sache, an der ich daheim scheitere. Wenn ich versuche, witzig zu sein, lachen meine Frau und meine Kinder nicht, zumindest nicht richtig. Manchmal fassen Sie meinen Humor falsch auf und werden ärgerlich. Ich muß in meinem eigenen Haus tatsächlich auf der Hut sein."
Reagieren Sie zuerst mit verstehender/treffender Empathie (wie in Übung 34). Überlegen Sie dann, ob Sie eine Erfahrung gemacht haben, die dem Klienten die Problemlage verdeutlichen könnte. Ist das der Fall, dann erwähnen Sie ihre Erfahrung.

Meine Erfahrung: Eine Person, die mir einmal näherkommen wollte, erzählte mir, daß sie es schwer fand, mit meinem Humor klarzukommen und mit **mir** in Kontakt zu treten. Ich war überrascht und fing an zu erkennen, daß ich meinen Humor benutzte, um Leute auf Distanz zu halten. In meinem Fall war das eine Möglichkeit, um die Kontrolle in Beziehungen nicht zu verlieren.

Nun gehen Sie jeden Fall aus Übung 34 durch und überlegen Sie, ob Sie eine persönliche Erfahrung gemacht haben, die dem Klienten den Zugang zu seinem eigenen Problem erleichtern könnte. Notieren Sie auf einem Extrablatt, was Ihrer Meinung nach hilfreich sein kann, wenn es in der richtigen Weise präsentiert wird.

Übung 37: Selbstmitteilung im Beratungsgespräch üben

In dieser Übung sollen Sie versuchen, eigene Erfahrungen mitzuteilen, um Ihren Klienten beim Erkennen einer Problemlage zu unterstützen.

1. Die Übungsgruppe sollte in Dreiergruppen unterteilt werden – Berater, Klient und Beobachter.
2. Der Klient sollte mit der Diskussion eines Problems fortfahren, das bereits im Rahmen von Stufe 1 untersucht wurde, mit dem der Berater also vertraut ist.
3. Wenden Sie fünf bis zehn Minuten für eine Beratungssitzung auf. Sind Sie in der Beraterrolle, dann versuchen Sie, Ihre Erfahrungen ein- oder gar zweimal einzubringen. Fassen Sie sich kurz, und seien Sie konzentriert. Bringen Sie Ihre Erfahrungen so ein, daß Sie den Klienten dabei nicht von seinen bzw. Ihren eigenen Anliegen ablenken.
4. Nach Ablauf der Zeit geben Beobachter und Klient dem Berater Feedback bezüglich der Brauchbarkeit seiner Selbstmitteilung.

- Wie sachdienlich war sie?
- War sie kurz und präzise?
- Hat der Berater sie so präsentiert, daß der Schwerpunkt auf den Anliegen des Klienten lag?
- Hat sich der Klient die Enthüllung des Beraters zunutze gemacht? Trug sie dazu bei, die Problemlage oder einen Teil davon zu verdeutlichen?

Gehen Sie folgendes Beispiel durch (bezogen auf das Beispiel in Übung 36):

Berater: „Zu Hause bin ich nicht sehr humorvoll, aber wenn ich nicht aufpasse, kann ich endlos über Sport reden. Ich glaube meine Familie möchte, daß ich mit ihnen rede, aber gleichzeitig wollen sie wohl, daß ich meine Sport-Monologe etwas abkürze. Ich frage mich, ob Ihre

Frau und Kinder vielleicht ähnliche Probleme mit Ihrem Humor haben.“

Wiederholen Sie diese Übung, bis jeder in ihrer Dreiergruppe einmal die Beraterrolle inne hatte.

Konfrontation

Konfrontation ist eine Fertigkeit, mit der Sie Klienten dazu **auffordern**, Diskrepanzen zu untersuchen, die sie vielleicht nicht beachten und die sie in Problemlagen blockieren. Beachten Sie vor allem, daß Konfrontationen **zweckdienlich** sein sollen, das heißt, daß sie nur in dem Ausmaß nützlich sind, wie sie dem Klienten helfen, neue Perspektiven zu entwickeln, die ihm das Definieren und Abklären seiner Problemsituationen erleichtern. Darüber hinaus sollen Konfrontationen eher **Beschreibungen** als Beschuldigungen sein. Klingen sie eher nach Vorwürfen als nach Einladungen, lösen sie leicht defensive Reaktionen im Klienten aus.

Übung 38: Konfrontation mit eigenen Stärken

Eine der wirksamsten Formen von Konfrontation ist, Klienten aufzufordern, Stärken und Mittel aufzuspüren, die sie sich nicht zunutze machen, die ihnen aber einen erfolgreicheren Umgang mit Problemstellungen ermöglichen würden. Die Diskrepanz liegt darin, daß die Stärke zwar vorhanden ist, aber nicht oder zumindest nicht voll genutzt wird. In dieser Übung sollen Sie sich mit Ihren eigenen, nicht genutzten Stärken und Mittel konfrontieren. Betrachten Sie folgendes Beispiel.

Problemstellung: „Mein soziales Leben ist nicht so umfangreich, wie ich es gerne hätte.“

Beschreibung ungenutzter Stärken oder Mittel: „Ich habe gewisse Fertigkeiten zur Problemlösung, doch ich wende sie nicht auf die praktischen Probleme des alltäglichen Lebens an, wie zum Beispiel auf mein wenig adäquates Verhalten in meinen Bezugsgruppen. Anstatt für mich Ziele zu definieren (Bekanntschaften machen, Freundschaften schließen) und dann zu sehen, auf welche Weise ich diese Ziele erreichen könnte, warte ich darauf, daß irgendetwas passiert, das mein soziales Leben reicher macht. Ich bleibe passiv, obwohl ich durchaus die Fähigkeiten habe, aktiv zu werden."

Betrachten Sie nun vier Probleme, an denen Sie gearbeitet haben.
a. Stellen Sie kurz die Problemlage dar.
b. Beschreiben Sie die Problemstellung oder einige Teile davon in Form von Stärken, Fähigkeiten oder Mittel, die Sie sich nicht oder nicht in vollem Ausmaß zunutze machen.

1. Problemstellung: ______________________________

____

Nicht genutzte Stärken: ___________________________

____

2. Problemstellung: ______________________________

____

Nicht genutzte Stärken: ___________________________

____

3. Problemstellung: ______________________________

____

Nicht genutzte Stärken: ___________________________

____

4. Problemstellung: ______________________________

____

Nicht genutzte Stärken: ___________________________

____

Übung 39: Weitere Selbst-Konfrontation

Die meisten von uns sehen sich mit einer Vielzahl von lähmenden Widersprüchen konfrontiert – abgesehen von Diskrepanzen im Zusammenhang mit ungenutzten Stärken und Talenten. Mehr oder weniger erlauben wir uns alle, Opfer unserer eigenen Vorurteile, Vorwände, Verzerrungen und Selbstbetrügereien zu werden. In dieser Übung sollen sie sich einigem davon stellen, vor allem der Art von Diskrepanzen, die Ihre Qualität als Berater oder als Teilnehmer einer Übungsgruppe beeinträchtigen könnte. Überlegen Sie anhand folgender Beispiele.

Beispiel 1

Das Problem: Der Auszubildende konfrontiert sich damit, daß er in seinen Beziehungen zu anderen Menschen dominant ist.

Auszubildender: „Ich bin sehr dominant in meinen Beziehungen zu anderen. Zum Beispiel manipuliere ich Leute oft dahingehend, daß sie tun, was ich will. Das mache ich so subtil wie möglich. Ich finde heraus, was jeder tun möchte, und dann spiele ich einen gegen den anderen aus, arbeite mit sanfter Überredung, um die Leute in meine Richtung zu lenken. Die Übungssitzungen versuche ich dahingehend zu beeinflussen, daß Probleme besprochen werden, die für mich von Interesse sind. Ich arbeite sogar mit Empathie und Ermutigung, um die Leute in Richtungen zu steuern, die ich interessant finden könnte. Das alles ist so sehr Teil meines Stils, daß ich es normalerweise nicht einmal bemerke. Ich finde das selbstsüchtig, doch ich fühle mich kaum schuldig, wenn ich darüber nachdenke."

Beispiel 2

Das Problem: Die Auszubildende stellt sich ihrem Bedürfnis nach Anerkennung durch andere.

Auszubildende: „Die meisten Leute finden mich nett. Teilweise mag ich das, teilweise ist es mir ein Deckmantel. Mein nettes Wesen ist die beste Verteidigung gegen Härte und Kritik von anderen. Ich bin kooperativ. Ich mache häufig Komplimente. Ich bin nicht zynisch oder sarkastisch. Ich genieße diese Art von Freundlichkeit. Sie lohnt sich. Das heißt aber auch, daß ich selten von Dingen spreche, die andere verletzen könnten. Mein Feedback gegenüber anderen in der Gruppe ist fast immer positiv. Zu Fehlern sollen andere Feedback geben. Außerhalb der Gruppe halte ich mich aus kontroversen Gesprächen heraus. Doch langsam fange ich an, mich ‚nichtssagend' zu fühlen."

Konfrontieren Sie sich nun mit drei Bereichen, deren Behandlung Sie zu einem wirksameren Auszubildenden und Berater werden lassen.

1. Das Problem: ______________________________________

____

Beschreibende Selbst-Konfrontation: ____________________

____

2. Das Problem: ______________________________________

____

Beschreibende Selbst-Konfrontation: ____________________

____

3. Das Problem: ______________________________________

____

Beschreibende Selbst-Konfrontation: ____________________

____

Übung 40: Der Konfrontationswettkampf – Konfrontation und Reaktion

Zweck dieser Übung ist, Ihnen die Möglichkeit zu geben, die Konfrontation und die nichtdefensive Reaktion auf Konfrontation zu üben. Voraussetzung ist, daß Sie die anderen Teilnehmer der Übungsgruppe einigermaßen gut kennengelernt haben.

1. Wählen Sie Partner. In Sechsergruppen bezeichnen wir die Paarungen A–B, C–D und E–F. Partner A, C und E (a) sagen, was sie an ihren Partnern in der Übungsgruppe gut finden, dann (b) fordern sie ihre Partner in bestimmter Hinsicht heraus (zum Beispiel indem sie auf Stärken oder Mittel hinweisen, die zuwenig genutzt werden).

2. Die Partner der Herausforderer B, D und F reagieren vorerst mit einfühlendem Verstehen, um sicherzugehen, daß sie den Kern der Herausforderung verstehen.
3. Dann untersuchen die Partner kurz den hinterfragten Bereich in bezug auf konkrete Erfahrungen, Verhaltensweisen und Gefühle.
4. Anschließend übernehmen die Partner B, D und F die Rolle der Herausforderer und der Vorgang wird wiederholt.
5. Wenn möglich sollte jeder Teilnehmer Gelegenheit bekommen, mit jedem anderen Teilnehmer der Übungsgruppe diese beiden Rollen durchzuspielen.

Beispiel

Partner A: „In unseren Übungssitzungen bemühst du dich sehr darum, daß andere Teilnehmer verstanden werden, besonders wenn sie über heikle Dinge sprechen. Du bringst großes Einfühlungsvermögen mit und ermutigst andere, durch dein Beispiel, das ebenfalls zu tun. Dein Verständnis klingt niemals geheuchelt und meistens bist du ziemlich exakt. Allerdings neigst du dazu, dich auf einfühlendes Verstehen zu beschränken. Du gibst selten minimale Ermutigung und läßt dir viel Zeit, jemanden herauszufordern, indem du zum Beispiel Vermutungen mitteilst, die den anderen ihren Interaktionsstil deutlicher machen würde. Wegen deines einfühlenden Verstehens und deiner Aufrichtigkeit hast du viele ‚Pluspunkte' angesammelt, doch nützt du sie nicht, anderen beim Stellen vernünftiger Forderungen an sich selbst behilflich zu sein."

B's Antwort: „Du schätzt meine Fähigkeit und mein Bestreben verständnisvoll zu sein. Doch bin ich weniger wirkungsvoll, als ich sein könnte, da ich über einfühlendes Verstehen nicht hinausgehe, vor allem, da ich mir darin gefalle. Ich sollte daran arbeiten, meine Fähigkeiten im Ermuntern und Hinterfragen zu verbessern."

A und B verwenden anschließend **einige Minuten** darauf, das aufgeworfene Problem zu untersuchen.

Direktheit: Beziehungen untersuchen

Sie müssen sich mit dem, was zwischen Ihnen und den Klienten in den Beratungsgesprächen vorgeht, auseinandersetzen können. Direkt-

heit **der Beziehung** heißt, daß Sie imstande sein müssen, das Entstehen und den gegenwärtigen Stand Ihrer Beziehung mit anderen Gruppenteilnehmern (Ihren „Klienten") in konkreten Verhaltensbeschreibungen zusammenzufassen. Direktheit **„hier und jetzt"** verweist auf die Fähigkeit, mit einer bestimmten Situation umgehen zu können, die auf Ihre Beziehung mit einer anderen Person momentane Auswirkungen zeigt.
Unmittelbarkeit ist eine komplexe Fähigkeit. Sie umfaßt:

- das Offenlegen, wie eine andere Person auf Sie wirkt,
- das Untersuchen Ihres eigenen Verhaltens gegenüber dieser Person,
- das Mitteilen von Vermutungen über sein bzw. ihr Verhalten Ihnen gegenüber oder das Darstellen von Diskrepanzen, Verzerrungen, Vorwänden und ähnlichem und
- die Aufforderung an die andere Person, das Verhältnis in Hinblick auf ein verbessertes Arbeitsklima zu überdenken.

Wenn Sie zum Beispiel von seiten des Klienten subtile, kaum greifbare Feindseligkeiten gegen Sie feststellen, dann können Sie:
(1.) den Klienten wissen lassen, daß Sie nicht unberührt läßt, was in Ihrer Beziehung vorgeht (Selbst-Enthüllung);
(2.) untersuchen, ob Sie zur Lösung des Problems etwas beitragen könnten;
(3.) das Verhalten des Klienten beschreiben und Vermutungen äußern;
(4.) den Klienten auffordern direkt zu untersuchen, was in der Beziehung passiert. Direktheit schließt gemeinsame Problemlösung in Hinblick auf die Beziehung selbst ein.

Übung 41: Direktheit in Ihren zwischenmenschlichen Beziehungen

In dieser Übung sollen Sie sich mit einigen „ungelösten" Problemen zwischen Ihnen und anderen **außerhalb** der Übungsgruppe auseinandersetzen.

1. Denken Sie an Leute, mit denen Sie ungelöste oder nicht-ausgetragene persönliche Probleme haben (Verwandte, Freunde, Vertraute, Arbeitskollegen und so weiter).
2. Deuten Sie das Problem kurz an.
3. Stellen Sie sich vor, Sie führen mit einer dieser Personen ein Zwiegespräch.

4. Seien Sie direkt mit dieser Person in der Absicht, einen Dialog zu führen, der Ihnen beiden helfen könnte, das Problem in den Griff zu bekommen. Ihre direkte Aussage sollte beinhalten:
   (a) Selbstenthüllung (das Problem und wie es Sie betrifft),
   (b) eine Andeutung, wie Sie zu dem Problem beitragen,
   (c) irgendeine konkrete Ermunterung in Form von aktivierender Empathie oder Konfrontation und
   (d) eine Aufforderung an den anderen, sich auf einen Dialog darüber einzulassen.
5. Bedenken Sie, daß die ersten Herausforderungen angemessen zurückhaltend sein sollten.

Betrachten Sie folgende Beispiele.

Beispiel 1

Das Problem: Eine Teilnehmerin stellt sich vor, sie spricht außerhalb der Übungsgruppe mit einer Freundin. Sie ist mit ihren Gesprächen nicht zufrieden. Sie zögert, ihre eigenen tieferen Gedanken, Werte und Anliegen kundzutun.

Die Teilnehmerin spricht mit ihrer Freundin: „Ich schäme mich ein wenig über das, was ich sagen will. Ich glaube, wir sind gerne zusammen. Aber ich fühle einen bestimmten Widerwillen, mit dir über meine tieferen Gedanken und Anliegen zu sprechen. Und wenn ich mich nicht täusche, bemerke ich einen ähnlichen Widerwillen bei dir. Neulich zum Beispiel, da benahmen wir uns ganz schön sonderbar, als wir ein wenig über Religion sprachen. Wir haben das Thema recht schnell fallengelassen. Jetzt bin ich verlegen, weil ich merke, daß ich vielleicht diese ‚Nur-nicht-zu-tief-Regel' verletzte. Ich frag' mich, was du von alledem hältst."

Beispiel 2

Das Problem: Eine Teilnehmerin erzählt von ihrem Verhältnis zu ihrem Chef. Sie findet, daß er sie respektiert, doch weil sie eine Frau ist, zieht er sie nicht für einen Managementkurs in Betracht.

Die Teilnehmerin spricht mit ihrem Chef: „Ich glaube, Sie sehen in mir eine fähige Mitarbeiterin. Ich würde sagen, wir arbeiten gut zusammen. Obwohl Sie der Chef sind, sind wir einigermaßen gleichgestellt. Ich meine, sie kehren Ihre Chefrolle nicht heraus. Trotzdem stört mich etwas. Gelegentlich schnappe ich Bemerkungen auf, daß Sie mich für einen Managementkurs nicht in Betracht ziehen. Sie scheinen mit meiner Arbeit sehr zufrieden zu sein, doch dazu gehört auch, mich dort zu belassen, wo ich bin. Nicht daß ich Sie sexistisch finde, ganz und gar nicht, doch mir kommt es so vor, als hielten Sie ganz bewußt Männer für solche Kurse geeigneter als Frauen. Vielleicht ist das einfach Teil der Kultur hier. Es würde mir helfen, wenn wir uns damit auseinandersetzen könnten."

Schreiben Sie nun drei direkte Aussagen auf in Zusammenhang mit Personen außerhalb der Übungsgruppe. Wählen Sie Personen und Themen, über die Sie in der Gruppe diskutieren wollen.

1. Das Problem: ____

____

Schreiben Sie eine direkte Aussage auf ein Extrablatt.

2. Das Problem: ____

____

Schreiben Sie eine direkte Aussage auf ein Extrablatt.

3. Problem: ____

____

Schreiben Sie eine direkte Aussage auf ein Extrablatt.

Übung 42: Auf Situationen reagieren, die Direktheit erfordern

In dieser Übung werden Situationen beschrieben, die Direktheit von Ihnen erfordern. Sie sollen jede einzelne Situation bedenken und mit einer direkten Erklärung antworten. Sehen Sie sich folgendes Beispiel an.

Beispiel

Situation: Der Klient, ein 44jähriger Mann, versucht sehr oft Ihre Hintergedanken zu ergründen. Er erzählt, was er meint, was Sie denken und fühlen. Er schlägt Ziele und Programme vor, von denen er glaubt, daß Sie sie ihm vorschlagen möchten. Sie haben sich bemüht, dieses Verhalten zu ignorieren, doch schließlich lassen Sie Ihrem Ärger freien Lauf. Er ist ziemlich redegewandt und manchmal haben Sie das Gefühl, daß Sie kämpfen müssen, um zu Wort zu kommen.

Direkte Reaktion: „Tom, ich muß Sie eine Weile unterbrechen, um zu klären, was zwischen uns in den Sitzungen abläuft. Etwas beunruhigt mich, daß ich darauf schon früher hätte zu sprechen kommen sollen. Gelegentlich versuchen Sie, meine Gedanken zu ergründen, zu erraten, was ich denke und was Sie meiner Meinung nach machen sollten. Vorhin sagten Sie zum Beispiel: ‚Ich weiß, Sie halten mich für zu passiv, damit haben Sie wahrscheinlich recht.' Häufig sind das Ihre Vorstellungen und nicht meine. Wenn ich dann sage, das habe ich nicht gesagt, dann kommt es zu einer Auseinandersetzung. Sie argumentieren gut. Es ist fast so, als würden wir ein kleines Spiel spielen. Sie versuchen Hintergedanken zu lesen. Ich ärgere mich, sage aber nichts und lasse mich in ein Streitgespräch verwickeln. Ich weiß aber, daß unser ‚Spiel', wenn man das so nennen kann, nicht viel zu unserer Arbeit hier beiträgt. So sehe ich das. Ich möchte gern Ihre Meinung hören."

Betrachten Sie nun folgende Situationen und formulieren Sie eine direkte Reaktion.

1. Situation: Sie hatten bereits mehrere Sitzungen mit diesem Klienten, einer Person des anderen Geschlechts. Es ist offensichtlich, daß diese Person sich zu Ihnen hinzugezogen fühlt und mit kaum verhüllten Annäherungsversuchen beginnt. Diese Person findet Sie sowohl als Gesprächspartner als auch sexuell anziehend. Einige der verbalen Annäherungsversuche haben sexuelle Untertöne.

Direkte Reaktion: ______________________________

____

2. Situation: In der ersten Sitzung haben Sie mit dem Klienten, einem einigermaßen erfolgreichen, 40jährigen Geschäftsmann, über das Honorar diskutiert. Damals haben Sie erwähnt, daß es nicht einfach für Sie ist, über Geld zu sprechen, schließlich haben Sie sich auf ein Honorar am unteren Ende gängiger Tarife geeinigt. Er betrachtete das Honorar als „recht angemessen". Während der folgenden Sitzungen läßt er allerdings Bemerkungen darüber fallen, wie teuer sich dieses Unterfangen erweist. Er erwähnt, daß er so schnell wie möglich zu einem Ende kommen möchte und läßt durchblicken, daß das von Ihnen abhängt. Sie hatten das Geldproblem für gelöst gehalten, finden es aber noch sehr akut.

Direkte Reaktion: ______________________________

____

3. Situation: Ein 22jähriger, straffällig gewordener Klient muß Sie im Rahmen seiner Bewährungsfrist aufsuchen. Ein, zwei Sitzungen lang ist er kooperativ, dann wird er ziemlich widerspenstig. Das äußert sich darin, daß er subtil und offen Ihre Kompetenz in Frage stellt, den Wert dieser Art von Hilfestellung anzweifelt, zu spät zu den Sitzungen kommt und Sie überhaupt wie eine unangenehme Last behandelt.

Direkte Reaktion: ______________________________

____

4. Situation: Sie sind eine Frau. Der Klient, 19, erinnert Sie an Ihren eigenen, 17jährigen Sohn, dem gegenüber Sie gemischte Gefühle hegen, wegen seines Strebens nach Unabhängigkeit von Ihnen. Der Klient gibt sich oft recht abhängig von Ihnen, sagt, daß er sehr froh ist über Ihre Hilfe, er fragt Sie um Rat und nimmt verschiedentlich die Haltung des „kleinen Jungen" ein. Dann wiederum scheint er mit Ihnen am liebsten nichts zu tun haben zu wollen und hält Ihnen vor, „wie seine Mutter" zu sein.

Direkte Reaktion: ______________________________

____

Übung 43: Direktheit gegenüber den anderen Gruppenmitgliedern

1. Lesen Sie noch einmal die Anleitungen zu Übung 42.
2. Lesen Sie das untenstehende Beispiel.
3. Schreiben Sie für Ihre Kollegen eine direkte Reaktion auf einen Extrazettel (bzw. für ausgewählte Teilnehmer, falls die Gruppe zu groß ist). Stellen Sie sich vor, Sie sitzen jedem Kollegen der Reihe nach von Angesicht zu Angesicht gegenüber. Beschäftigen Sie sich mit realen Themen, die die Übungssitzungen, zwischenmenschliches Verhalten und so weiter, betreffen.
4. Teilen Sie nach und nach jedem Teilnehmer der Gruppe die Erklärung mit, die Sie auf ihn bzw. sich bezogen geschrieben haben.
5. Wer die direkte Erklärung gehört hat, sollte mit einfühlendem Verstehen zu erkennen geben, daß er die Erklärung richtig verstanden hat.
6. Hören Sie der unmittelbaren Erklärung der anderen Person zu und reagieren Sie mit einfühlendem Verstehen.
7. Diskutieren Sie schließlich **einige Minuten** lang die Qualität Ihrer Beziehung zueinander.
8. Fahren Sie mit diesem Reigen fort, bis alle Gelegenheit hatten, jedem etwas direkt zu sagen.

Beispiel

A zu B: „Mir fällt auf, daß wir beide in der Gruppe relativ wenig Kontakt miteinander haben. Du gibst mir selten Feedback. Ich gebe dir selten Feedback. Fast ist es so, als bestünde eine Art Übereinkunft zwischen uns, uns in Ruhe zu lassen. Ich mag dich und mir gefällt, wie du dich in der Gruppe verhältst. Mir gefällt zum Beispiel, wie du bei anderen hinterfragst, sorgfältig und ohne entschuldigenden Ton. Ich glaube, ich versage mir Feedback, zumindest negatives Feedback, weil ich es mir mit dir nicht verscherzen will. Ich unternehme wenig, um mit dir in Kontakt zu treten. Ich vermute, daß du eigentlich mehr mit mir reden willst, doch das ist bloß eine Vermutung. Ich möchte deine Ansicht über das Problem hören, das möglicherweise für dich gar keines ist."

Weisen Sie auf die Elemente von Direktheit in diesem Beispiel hin – Selbstenthüllung, Herausforderung, einladende Aufforderung, Einladung zu Gesprächen. Anschließend beginnen Sie mit der Übung.

Vierter Teil
Stufe 2: Einen Soll-Zustand entwickeln und Ziele setzen

Wie wir gesehen haben, führen die Schritte 1, 2 und 3 des Beratungsvorgangs – der Bericht des Klienten, die gemeinsame Problemeingrenzung und das Entwickeln neuer Perspektiven – zu einer Form von Problemklärung, die die Klienten auf problemlösende Vorstellungen und Handlungen vorbereitet. Darin liegt die Aufgabe von Stufe 1.
In Stufe 2 spielen Zukunftsbilder und neue Ziele eine zentrale Rolle. Jeder Schritt von Stufe 1 ebnet den Weg zur Entwicklung von Soll-Zuständen in Stufe 2.
In Stufe 3 geht es um das Handeln, das heißt darum, einen Soll-Zustand in die Realität umzusetzen. Ein Soll-Zustand ist ein Ziel oder mehrere. **Ein Ziel ist, was ein Klient erreichen will, um mit einer Problemlage wirksamer umgehen zu können.** Ziele müssen von den Strategien zu ihrer Erreichung unterschieden werden. Zukunftsbilder und Ziele verweisen darauf, **was** es zu erreichen gilt, während Handlungsstrategien darauf verweisen, **wie** ein Ziel erreicht werden soll. Wenn jemand zum Beispiel zu trinken aufhören will, dann ist „ein Leben ohne Alkohol" das Zukunftsbild oder Ziel. Dieses Ziel kann mit einer Reihe verschiedener Strategien verfolgt werden.

Schritt 4: Zukunftsbilder entwerfen

Wirksame Beratung erfordert viel Vorstellungsvermögen. In diesem Schritt sollen Sie eine Vision von einer besseren Zukunft für sich und Ihre Klienten entwickeln. Wenn Klienten einmal das Wesen ihrer Problemlage erkennen, dann müssen sie sich fragen: „Wie wäre meine Situation, wenn sie besser wäre, zumindest etwas besser?"

Übung 44: Zukunftsbilder entwerfen – Bilder einer besseren Zukunft

Im Rahmen dieser Übung sollen Sie in Ihrer Phantasie eine bessere Zukunft für sich ausmalen als Vorbereitung darauf, anderen bei der Entwicklung von Zukunftsvorstellungen zu helfen. Betrachten Sie folgendes Beispiel:
Da die meisten Studenten nicht mit 100%iger Effizienz arbeiten, bleibt meist ein Spielraum zur Verbesserung im Bereich der Wissensaneignung. Luisa, eine Studentin im 5. Semester, ist darüber unzufrieden, wie sie studiert. Sie beschließt, sich eine neue Studiermethode einfallen zu lassen. Mit Hilfe von Brainstorming sammelt sie mögliche Bausteine dafür, Verhaltensmuster, die ihre derzeitige Lernweise nicht kennzeichnen. Sie erstellt folgende Liste:

- Ich werde nicht für die Prüfung lernen, sondern studieren, um zu lernen. Paradoxerweise könnte das meine Noten verbessern, doch werde ich mir nicht extra Mühe geben, von 2 auf 1 zu kommen.
- Ich werde im Unterricht mehr mitarbeiten, nicht nur um einen besseren Eindruck auf die Lehrer zu machen. Ich werde machen, was mir beim Lernen hilft. Das kann einschließen, von den Lehrern häufiger die Klärung bestimmter Punkte zu verlangen, mich auf Diskussionen mit Gleichaltrigen einzulassen, mir mehr Freiheiten einzuräumen, so zu lernen, wie es am besten geht und so weiter.
- Ich werde mir einen konstruktiveren Zugang zum Verfassen schriftlicher Arbeiten aneignen. Wenn mir zum Beispiel ein Thema zugeteilt wurde, werde ich eine Mappe zu diesem Thema anlegen, Ideen sammeln, Zitate und Daten. Wenn ich dann mit der Abfassung beginne, muß ich mir nicht im letzten Moment etwas aus den Fingern saugen. Ich denke, dann werde ich bezüglich der Arbeit ein besseres Gefühl haben.
- Ich werde mehr im Bereich meines Schwerpunkts, der Psychologie, lesen, nicht bloß Pflichtliteratur, sondern auch Literatur zu meinen Interessensgebieten. Ich werde meinen Wissensdrang nutzen, mich zum Lernen zu bringen.

Luisa stellt im folgenden eine ziemlich ausführliche Liste von Verhaltensmustern auf, die zu ihrem Zukunftsbild passen könnten. Erst wenn sie diese ausführliche Liste hat, geht sie ans Bewerten und Auswählen der Punkte, an denen sie arbeiten wird, um ihre erwünschte neue Lebensweise zu realisieren.

1. So wie Luisa mögliche Elemente für ein Zukunftsbild ihres Herangehens ans Studieren entwickelt, so sollen Sie sich im Brainstorming mögliche Zukunftsbilder für zwei der folgenden Themen einfallen lassen. Schreiben Sie auf ein Extrablatt. Was wären mögliche Elemente von Zukunftsbildern in Hinblick auf:
   - eine Beziehung, die Sie verbessern möchten?
   - Ihre Beziehung zu Ihrer Familie?
   - Ihre Zeiteinteilung?
   - Ihre Freizeitgestaltung?
   - Ihre körperliche Konstitution?
   - Ihr gesellschaftliches Leben?
   - Ihren Job?
2. Bedienen Sie sich folgender Leitfragen als Hilfe:
   - Wie müßte der Ist-Zustand aussehen, um besser zu sein?
   - Welche neuen Verhaltensmuster wären dafür erforderlich? Erwägen Sie ausschließlich ihr eigenes Verhalten?
   - Welche Verhaltensmuster gehörten reduziert oder eliminiert?
   - Welche Fähigkeiten würden dadurch neu geschaffen?
   - Was würde eine leichte Verbesserung bewirken, was eine substanzielle?
   - Was würde eine dramatische Verbesserung bewirken?
   - Wer sind die Vorbilder, das heißt, welche Leute machen und leisten derzeit das, was Sie gerne machen oder leisten würden?

Übung 45: Zukunftsbilder im Zusammenhang mit Ihren eigenen Problemen

In zahlreichen Übungen dieses Trainingsprogramms haben Sie an einem oder mehreren Problemen gearbeitet, vor allem an jenen, die sich negativ auf Ihre Berater- und Helferrolle auswirken könnten.

1. Greifen Sie zwei Problemstellungen heraus, an denen Sie gearbeitet haben, die Sie untersucht und abgeklärt haben. Geben Sie eine kurze Zusammenfassung dieser Probleme oder ihrer Lösungen.

____

____

2. Schreiben Sie (wie in der vorigen Übung) im Brainstorming mögliche Elemente für Zukunftsbilder auf ein Blatt. Welche Elemente eines Wunschbildes gibt es für jede der Problemstellungen?

Übung 46: Anderen beim Entwerfen von Zukunftsbildern helfen

In dieser Übung sollen Sie sich in der Übungsgruppe gegenseitig helfen, Zukunftsbilder zu entwerfen.

1. Sie brauchen einen Partner für diese Übung.
2. Ein Partner nimmt die Rolle des Klienten und der andere die des Beraters ein.
3. Wenn Sie der Berater sind, fordern Sie den Klienten auf, eine Zusammenfassung der Problemlage zu geben.
4. Nachdem der Klient seine Liste von Zukunftselementen mitgeteilt hat (die in der vorigen Übung entwickelt wurden), helfen Sie ihm beim Erweitern der Liste. Verwenden Sie Nachfragen, um dem Klienten zu helfen, seine Vorstellungskraft voll auszuschöpfen. Verwenden Sie die Liste des Klienten als Ausgangspunkt. Entwikkeln Sie die Punkte weiter und fügen Sie neue hinzu.
5. Nach der Übung suchen Sie sich einen neuen Partner und tauschen die Rollen. Waren Sie also der Berater, dann schlüpfen Sie nunmehr in die Rolle des Klienten.

Schritt 5: Klienten beim Bewerten von Zukunftsbildern helfen

Sind die Zukunftselemente geklärt, deren Anwendung eine Problemstellung zumindest teilweise bessern wird, so müssen sie schließlich bewertet werden. So werden zum Beispiel Zukunftsbilder mit größter Wahrscheinlichkeit verwirklicht, wenn sie präzise sind.

Übung 47: Ziele präzisieren

In dieser Übung sollen Sie von wenig expliziten zu expliziteren Vorstellungen gelangen. Lesen Sie zuerst folgendes Beispiel.

Beispiel

Kontext: Tom, 42, hat dem Berater erzählt, wie dürftig seine Beziehung zu seiner Frau ist. Sie weigert sich, zu den Beratungssitzungen zu kommen. Tom macht ihr keine Vorwürfe mehr, hat sein eigenes Verhalten konkret untersucht, hat verschiedene neue Perspektiven für sich als Ehemann und Vater entwickelt und will nun in bezug auf das Gelernte etwas unternehmen.

Lassen Sie sich vier Grade von Konkretheit in einem Zielformungsprozeß einfallen, die auf seine Situation zutreffen **könnten**, ohne die genauen Probleme Toms zu kennen. Wählen Sie als vier Ebenen von Konkretheit (von einer bloßen Absichtserklärung bis zu einem konkreten und präzisen Ziel), die jemand in Toms Situation wählen könnte. In einer realen Beratungssituation würden Sie Tom natürlich helfen, **seine eigenen** Ziele zu formulieren. In dieser Übung geht es um Ziele (**was** getan werden muß), nicht um Handlungsstrategien (**wie** ein spezielles Ziel erreicht werden soll).

Grad I: **Absichtserklärung:** „Ich muß in meiner Ehe etwas ändern."

Grad II: **Allgemeine Zielvorstellung:** „Ich möchte die Zeit, die ich zu Hause bei meiner Frau verbringe, besser gestalten."

Grad III: **Präziseres Ziel:** „Ich möchte mit meiner Frau bessere Gespräche führen."

Grad IV: **Präzises Ziel:** „Ich möchte die Zahl der Gespräche, die in Meinungsverschiedenheiten und offenen Streit münden, verringern."

Beachten Sie, daß jede Ebene in bestimmter Weise präziser wird. Beachten Sie auch, daß Toms präzises Ziel negativ ist; er äußert sich nicht darüber, was er an die Stelle des Streites setzen will. Gehen Sie nun bei den folgenden Situationen ebenso vor. Da Sie die speziellen Probleme der Klienten nicht kennen, müssen sie Ihre Phantasie gebrauchen. **Zweck dieser Übung ist, Ihnen beim Entwickeln der Fähigkeit zu helfen, von vagen Absichtserklärungen zu präzisen Zielen zu gelangen.**

1. Kontext: Linda W., 68, ist unheilbar an Krebs erkrankt. Sie hat mit einem Seelsorger über ihr Sterben gesprochen. Eine ihrer Probleme ist, daß ihr Mann mit ihr nicht über ihren bevorstehenden Tod spricht. Sie hegt eine Vielzahl von Gefühlen über das Sterben, die sie gelegentlich durchfluten, wie Glaubenslosigkeit, Angst, Groll, Ärger und sogar Ruhe und Resignation. Auch kommen ihr Gedanken über das Leben und den Tod, die sie noch nie zuvor gehabt hatte und sie niemandem je mitgeteilt hat.

Grad I (Absichtserklärung): ______________________________

____

Grad II (Allgemeine Zielvorstellung): ______________________

____

Grad III (Präziseres Ziel): ________________________________

____

Grad IV (Präzises Ziel): __________________________________

____

2. Kontext: Troy, 30, hat über die Belastungen gesprochen, denen er während dieses Jahres ausgesetzt war. Ein Teil dieser Belastungen resultiert aus seinem Job. Die letzten fünf Jahre hat er als Buchhalter bei einer großen Firma gearbeitet. Er verdient gut, doch ist er mit der Arbeit, die er macht immer unzufriedener. Er findet Buchhaltung zu wenig abwechslungsreich. Er glaubt nicht, daß er in dieser Firma Aufstiegschancen hat. Viele seiner Kollegen sind wesentlich ambitionierter als er.

Grad I (Absichtserklärung): ______________________________

____

Grad II (Allgemeine Zielvorstellung): ______________________

____

Grad III (Präziseres Ziel): ________________________________

____

Grad IV (Präzises Ziel): __________________________________

____

3. Kontext: Linda, 32, ist verheiratet und hat zwei kleine Kinder. Ihr Mann hat sie verlassen, und sie hat keine Ahnung, wo er ist. Sie hat keine Verwandten in der Stadt und nur wenige Bekannte. Sie spricht

mit einem Berater im lokalen Kommunikationszentrum über ihren traurigen Zustand. Da ihr Mann für den Familienunterhalt sorgte, steht sie nun ohne Einkommen da und ohne Ersparnisse, auf die sie zurückgreifen könnte.

Grad I (Absichtserklärung): ______________________________

____

Grad II (Allgemeine Zielvorstellung): ______________________

____

Grad III (Präziseres Ziel): ______________________________

____

Grad IV (Präzises Ziel): ________________________________

____

4. Kontext: Nancy, 19, unverheiratet, steht vor dem Problem einer ungewollten Schwangerschaft. Daneben hat sie noch eine Vielzahl anderer Probleme. Ihre Eltern sind äußerst verärgert über sie. Ihr Vater spricht nicht einmal mehr mit ihr. Sie wohnt bei ihren Eltern und besucht ein örtliches College. Diese Lebensbedingungen sind nun unzufriedenstellend für sie. Da sie sich aufgrund ihrer Wertvorstellungen gegen eine Abtreibung entschieden hat, will sie die restlichen Monate ihrer Schwangerschaft nicht in einer Atmosphäre von Feindseligkeit und Konflikten verbringen. Sie ist sehr erregt, weil ihre Ausbildung unterbrochen wird. Sie hat dem Abschluß der Schule immer höchste Priorität beigemessen. Ihre finanzielle Lage ist unsicher, und es ärgert sie, daß sie finanziell von den Eltern abhängig ist.

Grad I (Absichtserklärung): ______________________________

____

Grad II (Allgemeine Zielvorstellung): ______________________

____

Grad III (Präziseres Ziel): ______________________________

____

Grad IV (Präzises Ziel): ______________________________

____

5. Kontext: Julian, 51, seit sieben Jahren von seiner Frau getrennt, hat bei einem Autounfall seinen 19jährigen Sohn verloren. Julian hatte das Auto gelenkt, als sie plötzlich gegen einen Wagen prallten, der von der anderen Straßenseite ausscherte. Julian hatte seinen Sicherheitsgurt angelegt und kam mit Schnittwunden und Quetschungen davon. Sein Sohn wurde durch die Windschutzscheibe geschleudert und auf der Stelle getötet. Der Fahrer des anderen Wagens ist noch in kritischem Zustand, es ist nicht sicher, ob er überleben wird. Zehn Tage nach dem Unfall steht Julian noch immer unter Schock und wird von Zorn, Schuldgefühlen und Trauer geplagt. Er ist nicht mehr zur Arbeit gegangen und meidet Verwandte und Freunde, weil er Mitleid nicht mehr ertragen kann.

Grad I (Absichtserklärung): ______________________________

____

Grad II (Allgemeine Zielvorstellung): ______________________

____

Grad III (Präziseres Ziel): ______________________________

____

Grad IV (Präzises Ziel): ______________________________

____

6. Kontext: Felicia, 44, hat Probleme mit ihrer mangelnden Durchsetzungskraft, besonders bei der Arbeit. Sie findet, daß eine Reihe von Kollegen sie ohne Hemmungen unterbricht, auch wenn sie selbst gerade an einem Projekt arbeitet. Sie ist über sich verärgert, weil sie dazu neigt, ihre Arbeit hintanzustellen, um demjenigen entgegenzukommen, der sie unterbrochen hat. Das führt dazu, daß sie gelegentlich wichtige Fristen im Zusammenhang mit ihren eigenen Projekten überschreitet. Sie findet, daß sie in den Augen der anderen „leicht anzuzapfen“ ist.

Grad I (Absichtserklärung): ______________________________

____

Grad II (Allgemeine Zielvorstellung): ______________________

____

Grad III (Präziseres Ziel): _____________________________

____

Grad IV (Präzises Ziel): _______________________________

____

Übung 48: Ziele nach bestimmten Kriterien überprüfen

Damit ein Ziel tatsächlich eines ist, muß es folgenden Kriterien standhalten:

- Es muß eher eine **Leistung** sein, ein Ergebnis, eine Fertigkeit als ein Programm.
- Es muß handlungsmäßig **klar und präzise** sein.
- Es muß **meßbar und überprüfbar** sein.
- Es muß **realistisch** sein, das heißt im Einflußbereich des Klienten liegen, innerhalb seiner Möglichkeiten und realisierbar sein.
- Es muß **adäquat** sein, daß heißt, wenn es erreicht ist, sollte es zur Lösung der Problemlage oder eines Teils davon substanziell beitragen.
- Es muß in Einklang stehen mit den **Wertschätzungen** des Klienten.
- Es muß innerhalb eines **vernünftigen Zeitrahmens** erreichbar sein.

1. Kehren Sie zu den präzisen Zielen zurück, die Sie für jeden Fall des vorigen Beispiels entworfen haben und überprüfen Sie, ob jedes dieser Kriterien bei jedem Ziel gegeben ist.
2. Wenn ein Ziel diesen Anforderungen nicht entspricht, dann formulieren Sie es entsprechend neu.

Beispiel

Toms Ziel auf Ebene IV ist: „Ich möchte die Zahl der Gespräche, die in Meinungsverschiedenheiten und offenen Streit münden, verringern."

- **Leistung: „Verringerung** der Streitgespräche" ist eine Leistung. Ein neues Verhaltensmuster würde an die Stelle treten.
- **Klarheit:** Es ist verhaltensmäßig **klar**. Tom kann ein Bild von sich entwickeln ohne Auseinandersetzungen und Streit.
- **Überprüfbarkeit:** Da Tom in etwa weiß, wie oft er und seine Frau pro Tag oder Woche streiten, kann er **überprüfen**, ob die Häufigkeit abgenommen hat. Günstig wäre, wenn er angibt, um wieviel er die Anzahl der Streitgespräche vermindern möchte.
- **Realisierbarkeit:** Tom kann das Verhalten seiner Frau nicht kontrollieren, jedoch sein eigenes. Da zu einem Streit zwei gehören, kann Tom darauf Einfluß nehmen, indem er sein eigenes Verhalten in vieler Hinsicht kontrolliert. Voraussetzung ist, Tom hat sich selbst in der Gewalt und die Fähigkeit, sich emotional zu beherrschen.
- **Adäquatheit:** Es besteht Grund zur Annahme, daß eine Verringerung in der Häufigkeit ihrer Zusammenstöße substanziell zur Besserung ihrer Beziehung beitragen wird. Allerdings führt die Beendigung des Streitens zu einer Leere. Was soll seinen Platz einnehmen?
- **Wertschätzungen:** Man muß davon ausgehen, daß einseitige Schritte, die notwendig zur Reduktion der Zusammenstöße sind, in Einklang mit Toms Wertvorstellungen stehen, damit er nicht den Eindruck hat, bloß „nachzugeben".
- **Zeitrahmen:** Tom äußert keinen Zeitrahmen.

Neuformuliertes Ziel: „Ich möchte die Häufigkeit unserer Auseinandersetzungen und Streitgespräche von durchschnittlich zwei pro Tag auf zwei pro Woche reduzieren. Jedes Mal, wenn ich einen Zusammenstoß vermeide, möchte ich, wenn möglich, ein konstruktives Thema aufwerfen."

Nun überprüfen Sie jedes Ziel, das Sie in der vorigen Übung formuliert haben, wenden Sie die Kriterien an und, wenn nötig, formulieren Sie jedes Ziel um, so daß es diesen Kriterien entspricht.

Übung 49: Für sich selbst Ziele aufstellen

In dieser Übung sollen Sie den Ablauf von Übung 47 auf ihre eigenen Probleme und Anliegen übertragen.

1. Gehen Sie zurück zu Übung 45, in der Sie Elemente von Zukunftsbildern für aktuelle Problemstellungen entwickelt haben.
2. Überprüfen Sie diese Elemente daraufhin, ob sie Absichtserklärungen, allgemeine Zielvorstellungen, präzisere Ziele oder präzise Ziele sind. Handelt es sich um keine präzisen Ziele, dann formulieren Sie sie entsprechend um.

Beispiel

Anliegen: Jeff, ein „Trainee" in einem Programm für Beratung und Psychologie, befürchtet, daß er nicht jene Bestimmtheit besitzt, von der er nun weiß, daß sie ein Berater braucht, um bei Klienten wirksam zu sein. Im einzelnen ist er um die Qualität seiner Mitarbeit in der Übungsgruppe besorgt. Er wirft folgende Punkte auf:

Grad I (Absichtserklärung): „Ich muß bestimmter werden, wenn aus mir ein wirksamer Berater werden soll.
Grad II (Allgemeine Zielvorstellung): „Ich will in dieser Übungsgruppe öfter die Initiative ergreifen."
Grad III (Präziseres Ziel): „In einer offenen Gruppensitzung, in der relativ wenig Struktur ist, werde ich zu reden beginnen, ohne dazu aufgefordert worden zu sein."
Grad IV (Präzises Ziel): „In der nächsten Übungssitzung werde ich verständnisvoll auf andere reagieren, auch wenn ich nicht dazu aufgefordert werde. Während unseres zweistündigen Treffens werde ich mindestens zehnmal mit einfühlsamem Verstehen reagieren, wenn andere Teilnehmer über sich sprechen."

Jeff überprüft sein Ziel des IV. Grades nach den Kriterien eines effizienten Ziels:

- „Dieses Ziel ist eine **Leistung**, das heißt, es bietet ein **angebrachtes** Muster positiven Reagierens."
- „Es ist klar."
- „Es ist ziemlich leicht zu **überprüfen**, ob ich mein Ziel erreicht habe oder nicht. Ich kann Feedback von anderen Gruppenmitgliedern erhalten und vom Ausbilder."

- „Ich habe Einfühlungsvermögen, doch nutze ich es nicht oft genug. Ich kann den erforderlichen Mut aufbringen, um es zu nutzen. Daher ist das Ziel **realistisch**."
- „Einigermaßen häufig mit einfühlsamem Verstehen reagieren, wird mir bei der Entwicklung der für einen Berater erforderlichen Bestimmtheit helfen, zumindest teilweise. In diesem Sinne ist mein Ziel **angemessen**."
- „Dieses Ziel steht in Einklang mit meinen **Wertschätzungen**, ein guter Zuhörer zu sein und Verantwortung für mich als Trainee zu übernehmen."
- „Ich glaube, daß ich dieses Verhaltensmuster innerhalb der nächsten drei Sitzungen verwirklichen kann. Ich betrachte den **Zeitrahmen** als vernünftig."

Nun machen Sie das gleiche mit vier Zielen von Zukunftsvorstellungen, die Sie in Hinblick auf Ihre eigenen Problemstellungen zu entwickeln versuchen.

Übung 50: Anderen beim Setzen konkreter und präziser Ziele helfen

In dieser Übung sollen Sie für einen Teilnehmer Ihrer Übungsgruppe als Berater fungieren.

1. Finden Sie einen Partner.
2. Entscheiden Sie, wer Berater und wer Klient sein soll.
3. Der Klient geht die Liste der präzisen Ziele aus Übung 49 durch. Aufgabe des Beraters ist es, zu überprüfen, daß jedes einzelne Ziel den Kriterien für präzise Ziele standhält.
4. Lassen Sie sich von Ihrem Klienten zurückmelden, wie brauchbar Ihre Interventionen waren.
5. Nach einer Feedbacksitzung wechseln Sie den Partner, Berater werden Klienten und Klienten Berater. Wiederholen Sie den gesamten Vorgang.

Schritt 6: Zielauswahl und -engagement

In diesem Schritt helfen die Berater den Klienten bei der endgültigen Auswahl von Zielen, aus denen sich ihre Wunschvorstellungen (Soll-Zustände) zusammensetzen. Weiter helfen sie ihnen, sich für diese Ziele zu engagieren.

Übung 51: Einschätzung Ihres Engagements für ein Ziel

In dieser Übung sollen Sie Ihre ausgewählten Ziele zur Lösung einer Problemstellung überdenken in Hinblick auf eine Überprüfung ihrer Entschlossenheit. Dabei geht es nicht darum, Ihre gute Absicht zu hinterfragen. Jeder von uns setzt sich bei der einen oder anderen Gelegenheit für Dinge ein, die nicht gut für uns sind.

1. Überlegen Sie die Problemstellung, mit der Sie sich beschäftigt haben und die Ziele, die Sie sich gesteckt haben, um sie oder einen Teil davon zu lösen.
2. Stellen Sie sich folgende Fragen, um den Grad Ihres Engagements zu messen:
   - Wählen Sie dieses Ziel freiwillig?
   - Ist dieses Ziel eines von vielen Möglichkeiten?
   - Wie hoch schätzen Sie den **Anreiz** dieses Zieles ein?
   - Nennen Sie Aspekte, unter denen es Ihnen nicht erstrebenswert scheint.
   - Wenn es Ihnen in bestimmter Hinsicht nicht zusagt, wie gedenken Sie, diesen Mangel an Attraktivität auszugleichen?
   - Was sind Ihre prinzipiellen Anreize, dieses Ziel zu wählen?
   - Wie stark sind diese Anreize?
   - Gibt es, falls es sich um ein aufgezwungenes Ziel handelt, noch andere Anreize außer bloßer Fügsamkeit?
3. Wählen Sie einen Partner aus der Übungsgruppe.
4. Gehen Sie mit Ihrem Partner Ihre prinzipiellen Erkenntnisse aus der Beantwortung der obigen Fragen durch.

Übung 52: Das Kosten-Nutzen-Verhältnis bei der Zielauswahl prüfen

Die meisten Entscheidungen, die wir treffen, bringen sowohl Kosten als auch Nutzen. Die Entschlossenheit für eine Entscheidung liegt oft an einem günstigen Kosten-Nutzen-Verhältnis, das heißt, die Vorteile müssen die Kosten übertreffen.

Beispiel

Helga, eine verheiratete Frau mit zwei Kindern, eines im letzten Jahr am College, eines an der Universität, hat im Januar erfahren, daß sie Krebs in einem fortgeschrittenen Stadium hat. Man hat ihr auch gesagt, daß eine ziemlich intensive chemotherapeutische Behandlung ihr Leben verlängern könnte, doch nicht retten würde. Da sie unbedingt erleben wollte, daß ihre Tochter im Juni das College abschließt, entschied sie sich für die Behandlung. Obwohl ihr die Behandlung ziemlich zusetzte, klammerte sie sich an ihren Wunsch, bei der Feier anwesend zu sein. Sie war schließlich dabei, allerdings im Rollstuhl. Als ihr Arzt meinte, nun müsse sie sich wohl mit Gelassenheit in das Unvermeidliche fügen, sagte sie: „Aber Herr Doktor, schon in zwei Jahren schließt mein Sohn ab."

Das ist das krasse Beispiel einer Frau, für die die Kosten, wie hoch sie auch sein mögen, noch immer vom Nutzen aufgewogen werden. Offensichtlich ist das nicht immer der Fall.

1. Bilden Sie Paare, einer spielt den Klienten, einer den Berater.
2. Der Klient, soll eines oder mehrere Ziele unter dem Kosten-Nutzen-Gesichtspunkt prüfen. Der Berater soll den Klienten dabei mit grundlegenden kommunikativen Fertigkeiten und den Fertigkeiten der Herausforderung unterstützen.
3. Nach der Diskussion sucht sich jeder einen neuen Partner, tauscht die Rollen und wiederholt den Vorgang.

Fünfter Teil
Stufe 3: Handeln – Den Soll-Zustand in die Realität umsetzen

In Stufe 2 geht es um die Frage, **was** Klienten erreichen wollen, um eine Problemsituation zu lösen. Stufe 3 beschäftigt sich mit dem **Wie**. Nunmehr geht es um das Handeln: den Klienten beim Entwickeln von Strategien helfen, beim Formulieren von Plänen, beim Umsetzen dieser Pläne zur Lösung von Problemen.

Schritt 7: Handlungsstrategien entwickeln

Gewöhnlich gibt es mehr als einen Weg, um ein Ziel zu erreichen. Klienten neigen zur Wahl einer besseren Strategie, wenn sie aus einer Reihe von Möglichkeiten auswählen können.

Übung 53: Handlungsstrategien durch Brainstorming entwickeln

Lassen Sie nicht außer acht, daß Klienten manchmal auch realistische Ziele nicht erreichen, weil ihre Ideen, **wie** diese Ziele erreicht werden könnten, zu eng gefaßt sind. Mit der Technik des Brainstormings können Sie Klienten helfen, über zu eingeengtes Denken hinwegzukommen. Rufen Sie sich die Regeln für Brainstorming in Erinnerung:

- Kritisieren Sie keine Vorschläge, die Ihnen einfallen. Die Vorschläge sind erst später zu bewerten.
- Quantität muß gefördert werden. Lassen Sie die Qualität von Vorschlägen vorerst beiseite.
- Einzelne Vorschläge zu neuen verbinden, ist erlaubt.
- Zu „wilden“ Möglichkeiten soll ermutigt werden – „Eine Möglichkeit, daß ich zu essen aufhöre und abnehme, wäre, mir den Mund zunähen zu lassen.“

Schauen Sie sich folgendes Beispiel an:
Hans ist Teilnehmer einer Gruppe von Leuten mit hohem Herzinfarktrisiko. Einige seiner Verwandten sind relativ jung an Herzinfarkten gestorben. Er hat Übergewicht, er betreibt kaum Sport, in seinem Beruf steht er unter Druck, und er raucht mehr als eine Packung Zigaretten pro Tag. Eines seiner Ziele ist, mit Rauchen aufzuhören. Er möchte das innerhalb eines Monats schaffen. Er erstellt folgende Liste von Strategien.

Brainstorming – Wege, um das Rauchen einzustellen:

- Von einem Tag auf den anderen aufhören.
- Reduzieren, jeden Tag eine weniger bis zu null.
- Sich Filme über Leute mit Lungenkrebs ansehen.
- Zu Gott um Hilfe beten.
- Auf eine Marke umsteigen, die ich nicht mag.
- Auf eine Marke mit sehr hohen Teer- und Nikotinwerten umsteigen, eine, die sogar mir als zu schädlich erscheint.
- Ständig rauchen, bis ich nicht mehr kann.
- Den Leuten erzählen, daß ich aufhöre.
- Eine Annonce in die Zeitung geben, in der ich erkläre, aufzuhören.
- Für jede Zigarette, die ich rauche, einen Dollar für etwas spenden, das ich nicht gut finde, zum Beispiel einer gegnerischen politischen Partei.
- Mich hypnotisieren lassen. Durch eine Vielzahl von post-hypnotischen Vorstellungen vermindert sich der Drang zu rauchen.
- Rauchen mit schmerzhaften Elektroschocks verbinden.
- Dem Pfarrer versprechen, daß ich zu rauchen aufhöre.
- In eine professionelle Gruppe von Leuten eintreten, die zu rauchen aufhören wollen.
- Ein Krankenhaus besuchen und mit Leuten sprechen, die an Lungenkrebs sterben.
- Wenn ich Zigaretten gekauft und ein, zwei geraucht habe, den Rest wegwerfen, sobald ich wieder bei Sinnen bin.
- Jemanden als Begleiter anheuern, der sich über mich lustig macht, sobald ich eine Zigarette in die Hand nehme.
- Meine Hände verbinden, sodaß ich keine Zigarette halten kann.
- Auch wenn ich nur eine Zigarette rauche, darf ich an diesem Tag nicht fernsehen.
- Mich mit einem Ausflug zum Fischen belohnen, wenn ich mal zwei Wochen lang nicht geraucht habe.
- Statt Rauchen Kaugummi kauen.
- Freunde meiden, die rauchen.

- Keine Zigaretten kaufen und mich daher in die erniedrigende Position begeben, sie schnorren zu müssen.
- Eine Zeremonie machen, in der ich rituell alle Zigaretten, die ich habe, verbrenne und mich verpflichte, ohne sie zu leben.
- Bonbons mit dem neuen Süßstoff Aspertame lutschen, anstatt zu rauchen.
- Mir jedesmal Punkte geben, wenn ich eine Zigarette rauchen möchte, es aber nicht mache. Wenn ich eine Reihe von Punkten gesammelt habe, belohne ich mich irgendwie.

Nun machen Sie das gleiche mit den vier Zielen, die Sie sich in Übung 49 ausgedacht haben.

Ziel 1:____

____

Schreiben Sie auf eine Extraseite Wege, die Ihnen im Brainstorming einfallen, um dieses Ziel zu erreichen. Beachten Sie die Regeln des Brainstorming. Wenn Sie meinen, die Möglichkeiten erschöpft zu haben, zwingen Sie sich dazu, sich ausgefallenere Möglichkeiten einfallen zu lassen.

Ziel 2:____

____

Lassen Sie sich mittels Brainstorming Wege zur Erreichung des Ziels einfallen. Fügen Sie am Schluß noch ausgefallenere Möglichkeiten an.

Ziel 3:____

____

Lassen Sie sich mittels Brainstorming Wege zur Erreichung des Ziels einfallen. Fügen Sie am Schluß noch ausgefallenere Möglichkeiten an.

Ziel 4:____

____

Übung 54: Anderen helfen, mit Brainstorming Strategien zu entwickeln

Als Berater können Sie Ihren Klienten helfen, ihre Phantasie anzuregen, um kreative Wege zur Erreichung von Zielen hervorzubringen. Fragen Sie nach, zum Beispiel so:

- **Wer** kann Ihnen beim Erreichen Ihres Ziels behilflich sein? **Welche Leute** unterstützen Sie?
- **Was**, also **welche Dinge, welche Fähigkeiten (Mittel)** von Ihnen und anderen können Ihnen behilflich sein, Ihre Ziele zu erreichen?
- **Wo**, das heißt, **welche Orte** können Ihnen zum Erreichen ihres Ziels dienlich sein.
- **Wann**, das heißt, **welche Zeitpunkte** oder **welche Zeiteinteilung** kann Ihnen helfen, Ihr Ziel zu erreichen. Ist ein Zeitpunkt besser als ein anderer?

1. Die Gruppe soll in Paare aufgeteilt werden.
2. Weisen Sie den Partnern die Rollen des Helfers bzw. des Klienten zu.
3. Der Klient wird kurz ein Anliegen oder ein Problem und den gewünschten Soll-Zustand, für den er sich entschieden hat, um das Problem zu lösen, zusammenfassen. Wenn der Soll-Zustand ein Bündel von Zielen ist, dann lassen Sie den Klienten eines auswählen. Sehen Sie zu, daß der Klient das Ziel so formuliert, daß es den Kriterien eines Handlungszieles entspricht.
4. Anschließend geben Sie dem Klienten fünf Minuten Zeit, so viele mögliche Wege zur Zielerreichung aufzulisten, wie ihm einfallen. **Der Klient soll diese aufschreiben.**
5. Dann helfen Sie dem Klienten beim Erweitern der Liste. Wenden Sie minimale Ermutigungen und Herausforderungen auf der Basis der obigen Fragen an.
6. Ermutigen Sie den Klienten, nach den Regeln des Brainstormings vorzugehen.
   - Erlauben Sie ihm nicht, die Vorschläge zu kritisieren.
   - Ermutigen Sie ihn, seine Vorschläge zu erweitern, sie miteinander zu verbinden.
   - Wenn dem Klienten langsam die Einfälle ausgehen, ermutigen Sie ihn zu ausgefalleneren Möglichkeiten.
   - Wenn dem Klienten nicht mehr einfällt, werfen Sie eigene Vorschläge ein, doch dann fordern Sie ihn auf, fortzufahren.

- Verstärken Sie Ihren Klienten dahingehend („das ist gut; laß es nur raus"), nicht gute sondern viele Vorschläge zu machen.

7. Wenn der Auszubildende das Ende der Runde ankündigt, hören Sie auf und holen Sie Feedback vom Klienten ein, ob Ihre Ermutigungen und Ihr Hinterfragen nützlich war. Bedenken Sie, das erwünschte Ergebnis ist Quantität, nicht Qualität.
8. Nach einigen Minuten Feedback wechseln Sie die Partner. Waren Sie der Berater, dann suchen Sie sich jemand aus, der zuvor Klient war. Wiederholen Sie den Ablauf.

Übung 55: Strategien bewerten

Brainstorming und andere imaginative Techniken helfen den Klienten Angaben für einen Zielsetzungsprozeß zu sammeln, doch an und für sich sind sie keine Entscheidungsfindungstechniken. Ist das Brainstorming erfolgreich, so sind die Klienten manchmal mit mehr Möglichkeiten konfrontiert, als sie bewältigen können. Sie brauchen vielleicht Hilfe, um Strategien zu wählen, die für sie am geeignetsten sind. Die Strategien aus dem Brainstorming, inklusive die ausgefalleneren, die auf die eine oder andere Weise praktizierbar gemacht wurden, müssen bewertet werden, um die brauchbarste zu ermitteln.

1. Nehmen Sie eine der Listen, die Sie in Übung 53 produziert haben.
2. Fügen Sie weitere Möglichkeiten, die Ihnen seit Erstellung der Liste eingefallen sind, hinzu.
3. Versehen Sie jede Möglichkeit mit einer Nummer.
4. Sehen Sie sich die folgenden Kriterien an, um die Brauchbarkeit oder Umsetzbarkeit jeder angegebenen Strategie zu beurteilen.

Kontrolle und Mittel: In welchem Ausmaß habe ich **Kontrolle** über diese Strategie, einschließlich der Kontrolle über die nötigen **Mittel**, um mich engagieren zu können?
Relevanz: In welchem Ausmaß wird diese Strategie oder dieser Handlungsablauf dazu beitragen, das Ziel zu **erreichen**?
Attraktivität: Wie sehr **gefällt mir** dieser Handlungsablauf?
Wertschätzungen: Steht diese Strategie im Einklang mit meinen **Wertschätzungen und moralischen Standards**?
Umwelt: Bis zu welchem Grad ist dieser Handlungsablauf frei von **Behinderungen** durch die Umwelt?

5. Benutzen sie das Schema auf der nächsten Seite, um die Strategien oder Handlungsabläufe aus Ihrem Brainstorming nach jedem der obigen Kriterien zu bewerten. Verwenden Sie eine Skala von 1–5. Schneidet eine Handlungsweise nach einem Kriterium sehr schlecht ab, dann bewerten Sie mit 1. Schneidet eine Handlungsweise nach einem Kriterium sehr hoch ab, dann bewerten Sie mit 5. Nehmen Sie die anderen Ziffern für Wertungen dazwischen. Betrachten Sie folgende Beispiele.

Beispiel 1

Ein Mann, der zu rauchen aufhören wollte, erwog die folgende Möglichkeit auf seiner Liste: „Langsam reduzieren, das heißt, jeden Tag eine Zigarette weniger von den dreißig, die ich derzeit rauche. In zwei Monaten wäre ich ohne."

Kontrolle und Mittel: „Das steht unter meiner Kontrolle und ich habe die Kraft oder die Mittel, das zu machen, obwohl es gegen Ende möglicherweise viel schwerer wird. Bewertung: 4."
Relevanz: „Das führt unvermeidlich zur Beendigung meines Rauchkonsums. Bewertung: 5."
Attraktivität: „Ich muß damit nicht sofort aufhören. Bewertung: 5."
Wertschätzungen: „Irgendwas in mir sagt, daß ich zum sofortigen Totalentzug fähig sein sollte. Das hat mehr ‚moralischen' Reiz für mich. Langsames Einschränken ist für ‚schwächere' Leute. Bewertung: 3."
Umwelt: „Keiner bemerkt es, wenn ich es langsam einschränke. Und ich habe Zeit mir anzusehen, welche Hindernisse, wie z.B. Freunde, die rauchen, auf mich zukommen. Bewertung: 5."

Beispiel 2

Eine junge Frau hatte in letzter Zeit oft Streit mit einem Freund. Da sie ihn nicht heiraten möchte, ist es ihr Ziel, eine Beziehung mit ihm herzustellen, die weniger intim ist, zum Beispiel ohne sexuelle Kontakte. Sie überlegt folgende Möglichkeit: „Ich werde ein Moratorium für unsere Beziehung beschließen. Ich sage ihm, daß ich ihn vier Monate lang nicht sehen will. Dann können wir eine andere Form von Beziehung aufnehmen, wenn wir das beide dann wollen."

Kontrolle und Mittel: „Ich kann aufhören ihn zu treffen. Ich denke, ich habe die nötige Bestimmtheit, um ihm genau zu sagen, was ich will und auch bei meiner Entscheidung zu bleiben. Beurteilung: 5."
Relevanz: „Da es mein Ziel ist, eine andere Form von Beziehung zu ihm zu bekommen, scheint es mir sinnvoll, ein paar Schritte zurück zu machen, alte Bande und Praktiken etwas absterben zu lassen. Ein Moratorium ist nicht das gleiche, wie eine Beendigung der Beziehung, obwohl es dazu führen könnte. Beurteilung: 5."
Attraktivität: „Der Gedanke, daß ich eine Weile nicht darüber nachdenken muß, wie ich mich ihm gegenüber verhalten soll, der Gedanke, den Streit zu beenden, hat enormen Anreiz für mich. Auch gefällt mir, die Beziehung nicht einfach zu beenden. Beurteilung: 5."
Wertschätzungen: „Ich bin nicht ganz glücklich mit dieser Art von einseitigem Beschluß. Andererseits will ich keine sexuelle Beziehung mit einem Mann haben, den ich als potentiellen Ehegatten ausscheide. Beurteilung: 4."
Umwelt: „Meine Freundinnen werden mich fragen, wo David ist, warum ich ihn nicht treffe. Sie werden meine Entscheidung in Frage stellen. David versucht vielleicht, mich zu sehen, bevor die Frist um ist. Es gibt eine Reihe von Hindernissen in der Umgebung, doch die scheinen bewältigbar. Beurteilung: 3."

In der Bewertung Ihrer eigenen Strategien brauchen Sie keine Kommentare zu geben wie in den Beispielen. Wenden Sie zur Bewertung eines jedoch Handlungsablaufs das Kriterien-Schema an. Wenden Sie für die Bewertung nicht allzuviel Zeit auf. Wenn Sie aus irgendeinem Grund Probleme oder Hintergedanken bei einer Bewertung haben, dann kreisen Sie sie ein und besprechen sie später mit einem anderen Teilnehmer Ihrer Übungsgruppe. Wenn Sie mit der Übung fertig sind, sollten Sie gut Bescheid wissen, welche Handlungsweisen für Sie die geeignetsten sind.

Strategien (Handlungsabläufe) beurteilen

Möglichkeit	Kontrolle, Mittel	Relevanz	Attraktivität	Wertschätzungen	Umwelt
1.___					
2.___					
3.___					

Übung 56: Das Bilanzblatt

Eine Bilanzaufstellung ist ein weiteres Hilfsmittel zur Bewertung verschiedener Strategien oder Vorgehensweisen. Sie ist vor allem dann hilfreich, wenn die Problemstellung kompliziert ist und Sie Schwierigkeiten beim Bewerten verschiedener Vorgehensweisen haben.

Beispiel

Hintergrund: Pfarrer Alex M. hat einige quälende Monate hinter sich, in denen er seine Berufung zu diesem Amt neu überdachte. Schließlich kommt er zu dem Schluß, daß er sein Amt aufgeben und einem weltlichen Beruf nachgehen möchte. Nun fragt er sich, wie er das anstellen soll. Eine Möglichkeit ist, da er nun eine Entscheidung gefällt hat, **sofort** aufzuhören. Da das eine folgenschwere Entscheidung ist, will er sie von allen Seiten betrachten. Er bedient sich eines Bilanzblatts für Entscheidungen.
Die Struktur des Bilanzblatts finden Sie auf der nächsten Seite. Alex nutzt es, um die Möglichkeit zu überprüfen, seine Stelle in der Kirche sofort aufzugeben. Hier sind einige Dinge, die ihm einfallen:

- **Vorteile für mich:** Da ich nun meine Entscheidung gefällt habe, wird es mir eine Erleichterung sein wegzukommen. Ich möchte so schnell wie möglich weg.

- **Annehmbarkeit:** Ich habe ein Recht, an meine persönlichen Bedürfnisse zu denken.
- **Unannehmbarkeit:** Ich habe keinen Job und fast keine Ersparnisse. Ich würde in eine finanzielle Krise geraten. Außerdem kommt mir dieser Handlungsablauf etwas impulsiv vor, meinen Bedürfnissen nachzukommen, um eine Last loszuwerden.

- **Vorteile für Betroffene:** Der Priesterkollege würde eine Bürde der letzten Monate loswerden. Es war schwer, mit mir auszukommen.

- **Nachteile für das soziale Umfeld:** Viele der besten Planungen sind nicht im System der Kirche verwurzelt, sondern in mir. Höre ich sofort auf, dann werden viele dieser Vorhaben stocken oder vielleicht ganz einschlafen, weil es mir nicht gelungen ist, Leute aus der Gemeinde an führende Funktionen heranzuführen. Es wird

Das Bilanzblatt

Das **Ziel**: ____

____

Die in Frage kommende **Strategie**: ______________________

____

Die **Vorteile** dieser Vorgehensweise:

- **Für mich**: ______________________________________

  ____

– Die Annehmbarkeit dieser Vorteile: ____________________

____

– Die näheren Umstände, warum diese Vorteile unannehmbar sind: _

____

- **Für Betroffene:** ____________________________________

  ____

– Die Annehmbarkeit dieser Vorteile: ____________________

____

– Die näheren Umstände, warum diese Vorteile unannehmbar sind: _

____

- **Für das soziale Umfeld:** ____________________________

  ____

– Die Annehmbarkeit dieser Vorteile: ____________________

____

– Die näheren Umstände, warum diese Vorteile unannehmbar sind: _

____

Die Nachteile dieser Vorgehensweise:

- **Für mich:** ______________________________

____

– Die Annehmbarkeit dieser Nachteile:______________________________

____

– Die näheren Umstände, warum diese Nachteile unannehmbar sind: ______________________________

____

- **Für Betroffene**: ______________________________

____

– Die Annehmbarkeit dieser Nachteile:______________________________

____

– Die näheren Umstände, warum diese Nachteile unannehmbar sind: ______________________________

____

- **Für das soziale Umfeld:**______________________________

____

– Die Annehmbarkeit dieser Nachteile:______________________________

____

– Die näheren Umstände, warum diese Nachteile unannehmbar sind: ______________________________

____

Meine **Gesamtbewertung** dieser Strategie oder Vorgehensweise:

____

____

keine Übergangsphase geben. Die Gemeinde kann von meinem Priesterkollegen nicht erwarten, daß er diese Aufgaben übernimmt, weil er und ich an keinem der fraglichen Pläne eng zusammengearbeitet haben.

- **Annehmbarkeit dieser Nachteile:** Die Aktiven in der Gemeinde müssen selbständiger werden. Sie sollen etwas tun für das, was sie bekommen, nicht sich immer so sehr auf den Pfarrer verlassen.
- **Unannehmbarkeit dieser Nachteile:** Da ich mich nicht bemüht habe, Laien an leitende Funktionen heranzuführen, fühle ich mich verantwortlich dafür, beizutragen, daß die Vorhaben nicht einschlafen. Mein innerstes Gefühl sagt mir, daß es nicht fair ist, meine Sachen zu packen und davonzulaufen.

Beachten Sie, daß das nur eine Zusammenstellung von Teilen der Bilanzaufstellung des Priesters ist. Nun sollen Sie das Bilanzblatt ausfüllen. Gehen Sie nach folgenden Anleitungen vor:

1. Wählen Sie eine Problemstellung, die Sie abgeklärt haben und für die Sie einen Soll-Zustand festgesetzt haben mit zumindest einem Ziel, das den Kriterien eines realisierbaren Ziels entspricht.
2. Wählen Sie ein Ziel, für das Sie sich im Brainstorming Strategien haben einfallen lassen.
3. Wählen Sie eine Hauptstrategie oder eine Vorgehensweise, die Sie gerne genauer untersuchen möchten.
4. Bestimmen Sie die Betroffenen und das soziale Umfeld, für die Ihre Entscheidung Auswirkungen hat.
5. Untersuchen Sie die mögliche Vorgehensweise, indem Sie sich des ganzen Bilanzblatts bedienen.

Beachten Sie, daß der in Frage stehende Problembereich, das Ziel und die Vorgehensweise viel Substanz enthalten sollten. Für eine relativ konsequenzenlose Entscheidung ist eine Bilanzaufstellung eine Zeitverschwendung.
Beachten Sie auch, daß das Bilanzblatt auch für ähnliche Wertungen wie in Übung 50 verwendet werden kann, vor allem dann, wenn die Vorgehensweise kompliziert ist und Sie nicht genau wissen, wie Sie sie bewerten sollen.

Schritt 8: Pläne formulieren

Viele Ziele erfordern Strategien, die mehr als einen einfachen Schritt benötigen. Besteht ein Programm aus einer Reihe von Schritten, dann ist es wichtig, sie in eine bestimmte Reihenfolge zu bringen. Was ist zuerst zu tun? Was als zweites? Wie viele Schritte gibt es? Wenn Sie Fragen wie diese beantworten, entsteht eine schrittweise Abfolge einschließlich eines vernünftigen Zeitrahmens zur Realisierung.

Übung 57: Festlegung der Hauptschritte in einem Aktionsplan

Die **Hauptschritte** eines Planes, die zur Erreichung eines Ziels führen sollen, werden oft als **Subziele** bezeichnet. Betrachten Sie folgendes Beispiel.

Beispiel

Eliza, 38, eine Witwe mit zwei fast erwachsenen Kindern, möchte einen Job bekommen. Ihr zu erreichendes Ziel ist: **„Job gefunden und angetreten"**. Im Gespräch mit einem Berater merkt sie bald, daß ein Programm zur Erreichung dieses Ziels aus einer Reihe von Schritten besteht. Während sie einen Plan konstruiert, kommt sie auf die folgenden Hauptschritte oder Subziele und formuliert sie als Leistung, das heißt, in Ausdrücken von Fertigkeiten, die zum Schluß eines jeden Schrittes erreicht sein müssen.

- **Schritt 1: Kriterien für den Job aufgestellt.** Bald entdeckt sie, daß sie nicht irgendeinen Job möchte. Sie hat gewisse Erwartungen, die sie erfüllt sehen möchte, soweit dies am gegenwärtigen Arbeitsmarkt möglich ist.

- **Schritt 2: Lebenslauf abgefaßt.** Um sich gut darzustellen, braucht sie einen „hochkarätigen" Lebenslauf.

- **Schritt 3: Job-Möglichkeiten überprüft.** Sie muß ermitteln, welche verfügbaren Jobs ihren Vorstellungen entsprechen.

- **Schritt 4: Liste der besten Möglichkeiten erstellt.** Sie muß eine Liste mit den vielversprechendsten Möglichkeiten angesichts des Arbeitsmarktes und ihrer persönlichen Kriterien aufstellen.

- **Schritt 5: Um Vorstellungsgespräche bemüht und solche geführt.** Das schließt die Aussendung ihres Lebenslaufs ein. Sie muß herausfinden, ob sie einen speziellen Job will und ob der Arbeitgeber sie will.

- **Schritt 6: Bestes Angebot angenommen und Job begonnen.** Bekommt sie mehr als zwei lukrative Angebote, dann muß sie sich entscheiden, welches sie annehmen soll.

- **Ausweichplan.** Falls sich ihre Strategie zur Jobsuche als fruchtlos erweist, muß sie wissen, was sie als nächstes tun soll. Sie braucht einen Ersatzplan.

Folgen Sie demselben Ablauf, wenn Sie eine vielstufige Strategie zur Erreichung eines Ihrer eigenen Ziele entwickeln.

1. Formulieren Sie ein Ziel, das Sie erreichen wollen, um ein Anliegen zu erledigen oder eine Problemstellung zu meistern. Wählen Sie zum Beispiel eines der Ziele, das Sie sich in Übung 49 setzten.
2. Überprüfen Sie die Strategien (Vorgehensweisen), die Sie während der Brainstormingphase entdeckten.
3. Wählen Sie eine Hauptstrategie.
4. Skizzieren Sie wie im obigen Beispiel die wichtigsten Schritte oder Subziele, die erreicht werden müssen, wenn Sie das Hauptziel erreichen wollen.
5. Besprechen Sie jedes Subziel mit einem Teilnehmer Ihrer Übungsgruppe. Überprüfen Sie, ob jedes Subziel den Kriterien für Ziele allgemein entspricht:
   - Ist es in sich eine Leistung?
   - Ist es **klar** und präzise?
   - Ist es **überprüfbar**, das heißt, werden Sie wissen, wenn sie es erreicht haben?
   - Ist es **realistisch**, das heißt, unterliegt es **Ihrer** Kontrolle und haben Sie die nötigen Mittel dafür?
   - Ist es **angemessen**, das heißt, bedeutet es einen wesentlichen Schritt in Richtung Erreichung des eigentlichen Hauptziels.
   - Steht es in Einklang mit Ihren **Wertschätzungen**?
   - Haben Sie einen vernünftigen **Zeitrahmen** gesetzt, dieses Subziel zu erreichen?

a. Zu erreichendes Ziel: ____

____

b. Skizzieren Sie nun die Hauptschritte oder Subziele, die erreicht werden sollen, in Hinblick auf das übergeordnete Ziel.

Subziel 1: ____

____

Subziel 2: ____

____

Subziel 3: ____

____

Subziel 4: ____

____

Subziel 5: ____

____

Übung 58: Subpläne zu den Hauptschritten Ihres Plans formulieren

Ist ein Soll-Zustand sehr komplex, wie zum Beispiel die Veränderung der beruflichen Laufbahn oder die Verbesserung einer verkümmernden Ehe, dann wird der Plan zu ihrer Erreichung eine Reihe von Hauptschritten oder Subzielen einschließen. Für gewöhnlich ist eine „Teile und Erobere"-Strategie angesagt. Das heißt, für jedes heikle Subziel ist ein Plan erforderlich. Wie zum Beispiel aus Übung 57 ersichtlich, besteht das Ziel „neuer Job" aus einer Reihe von Hauptschritten und Subzielen. Jeder dieser Hauptschritte, wie zum Beispiel das gekonnte Abfassen eines Lebenslaufs, erfordert seinen eigenen Plan. In dieser Übung sollen Sie sich an die Stelle der Person in Übung 57 versetzen, die einen Job sucht. Skizzieren Sie einen Plan, um die einzelnen Subziele zu erreichen.

a. Kriterien für einen Job aufgestellt. Wie würden Sie die Standards festlegen, denen ein Job entsprechen soll?

____

____

b. Lebenslauf abgefaßt. Was müßten Sie tun, um einen eindrucksvollen Lebenslauf zu erstellen?

---

c. Job-Möglichkeiten überprüft. Wie würden Sie darangehen herauszufinden, welche Art von Jobs verfügbar sind?

---

d. Liste der besten Möglichkeiten erstellt. Wenn Ihre Jobsuche ergibt, daß es mehrere Möglichkeiten gibt, wie würden Sie dann eine Liste der besten Möglichkeiten erstellen?

---

e. Um Vorstellungsgespräche bemüht und solche geführt. Wie würden Sie Vorstellungsgespräche in die Wege leiten und was würden Sie tun, um diese vorzubereiten?

---

f. Bestes Angebot angenommen und Job begonnen. Sollten Sie mehr als ein Angebot erhalten, wie würden Sie an die Auswahl herangehen?

Übung 59: Pläne für Ihre eigenen Subziele formulieren

In dieser Übung sollen Sie Wege zur Erreichung eines jeden Subziels erstellen, das Sie sich in Übung 57 gesetzt haben.

1. Legen Sie noch einmal Ihr Hauptziel dar:

---

2. Nun legen Sie jeden wichtigen Schritt oder jedes Subziel Ihres übergeordneten Plans dar, zusammen mit dem, was Sie zu unternehmen beabsichtigen, um dieses Subziel zu erreichen. Sie haben Platz für fünf Subziele. Selbstverständlich kann Ihr Plan auch mehr oder weniger als fünf einschließen.

Subziel 1:____

____

Zusammenfassung des Plans für Subziel 1:__________________

____

Subziel 2:____

____

Zusammenfassung des Plans für Subziel 2:__________________

____

Subziel 3:____

____

Zusammenfassung des Plans für Subziel 3:__________________

____

Subziel 4:____

____

Zusammenfassung des Plans für Subziel 4:__________________

____

Subziel 5:____

____

Zusammenfassung des Plans für Subziel 5:________________________

____

Übung 60: Entwicklung der Mittel zur Realisierung von Plänen

Berater können Klienten bei der Entwicklung der Mittel helfen, die sie zur Ausführung von Plänen brauchen, um Ziele oder Subziele zu erreichen. Es führt nicht zum Ziel, wenn Klienten Pläne zu realisieren versuchen, für die sie die Mittel nicht haben. In dieser Übung sollen Sie Klienten helfen, die nötigen Mittel zur Verfolgung ihrer Hauptziele zu entwickeln.

(1) Mildred und Tom haben Probleme in ihrer Ehe. Sie können mit finanziellen Entscheidungen und ihrem Sexualleben nicht gut umgehen. Häufig gibt es Streit wegen dieser beiden Bereiche. Sie sind sich einig, daß ohne diese Auseinandersetzungen ihre Ehe besser wäre, und sie erkennen, daß Übereinstimmungen in Finanzangelegenheiten und in ihrem Sexualverhalten ideal wären.

a. Mittel welcher Art brauchen sie Ihrer Meinung nach, um gemeinsam Entscheidungen zu treffen?

____

____

Skizzieren Sie einen Plan, der ihnen helfen könnte, diese Mittel zu entwickeln.

____

____

b. Welche Hilfsmittel brauchen sie Ihrer Meinung nach, um in Geldangelegenheiten bessere Entscheidungen zu treffen?

____

____

Skizzieren Sie einen Plan, der ihnen helfen könnte, diese Mittel zu entwickeln.

____

____

(2) Todd hat Probleme wegen seines spärlichen sozialen Lebens. Er ist nun in den oberen Zwanzigern und hat keine Freundin und keine Freunde. Meistens fühlt er sich einsam. Einige der Ziele, die er sich setzt: sich geselligen Gruppen anschließen, einen weiteren Bekanntenkreis zu entwickeln und einige enge Freundschaften zu schließen.

a. Welche Fähigkeiten muß er Ihrer Meinung nach entwickeln, um sich Gruppen anschließen und dabeibleiben zu können?

____

____

Skizzieren Sie einen Plan, der ihm helfen könnte, diese Fähigkeiten zu entwickeln.

____

____

b. Nennen Sie einige Fertigkeiten, von denen Sie glauben, daß sie ihm fehlen, die er aber benötigen wird, um engere und sogar intime Freundschaften zu schließen?

____

____

Skizzieren Sie einen Plan, der ihm helfen könnte, diese Fertigkeiten zu entwickeln.

____

____

(3) Ruth Ann will eine Nahrungsmittelkooperative in ihrem finanziell benachteiligten Stadtteil einer Großstadt aufbauen. Sie kann dafür eine kleine Gruppe intelligenter und interessierter Leute anwerben. Sie wissen, daß viele derartige Unternehmungen scheitern. Sie sind ein Berater ihres Vorhabens.
Welche Voraussetzungen müssen Sie beispielsweise schaffen, um eine Kooperative auf die Beine zu stellen?

____

____

Skizzieren Sie einen Plan, der Ihnen helfen könnte, diese Voraussetzungen zu entwickeln.

Es versteht sich von selbst, daß Sie als Berater keine Pläne für Ihre Klienten erstellen, sondern den Klienten vielmehr helfen, ihre eigenen Pläne zur Entwicklung der nötigen Fähigkeiten zu formulieren.

Übung 61: Die eigenen Fähigkeiten entwickeln

In dieser Übung sollen Sie einige der Ziele überdenken, die Sie für sich selbst aufgestellt haben (zum Beispiel die Ziele aus Übung 49) sowie die Pläne, die Sie formuliert haben, um diese Ziele zu realisieren und zwar in Hinblick auf die Frage: Welche **Fähigkeiten** sind erforderlich, um diese Pläne zu verwirklichen? Vielleicht fehlen Ihnen zum Beispiel bestimmte Fertigkeiten, um eine Strategie auszuführen. Wenn das der Fall ist, dann wird die **Entwicklung oder Verbesserung** dieser erforderlichen Fertigkeiten das Ziel des Planes zur Entwicklung von Voraussetzungen.

1. Nennen Sie ein Ziel, das Sie realisieren möchten, um ein Anliegen zu erreichen oder eine Problemstellung zu lösen. Beachten Sie folgendes Beispiel. Mark hat Kopfschmerzen, die ihm das Leben schwer machen. „Häufigkeit von Kopfschmerzen **verringern**" ist eines seiner Ziele. „Stärke der Kopfschmerzen **verringern**" ist ein weiteres.

2. Entwerfen Sie einen Plan, um dieses Ziel zu erreichen. Beachten Sie Teile des Plans, die Fähigkeiten erfordern, die Sie vielleicht nicht besitzen oder nicht im erwünschten Ausmaß. Betrachten Sie noch einmal Mark. Sich sowohl physisch als auch psychisch in Streßsituationen entspannen zu können, vor allem, wenn sich die „Aura" von Kopfschmerzen ankündigt, ist Teil von Marks Plan. Dieser Teil erfordert Fähigkeiten, die Mark nicht besitzt.

3. Nennen Sie die Fähigkeiten, die Sie entwickeln müssen. Mark braucht zum Beispiel Entspannungstechniken. Er könnte auch davon profitieren, in Streßsituationen Alpha-Wellen steigern zu können. Er verfügt über keine dieser Fertigkeiten. Da er leicht zum Opfer streßintensiver Gedanken wird, braucht er auch Techniken der Gedankenkontrolle.

4. Skizzieren Sie einen Plan, der Ihnen helfen könnte, einige dieser Fähigkeiten zu entwickeln. Mark tritt in zwei Programme ein. In dem einen lernt er, die Techniken systematischer Entspannung und Techniken der Kontrolle selbstzerstörerischer Gedanken. In dem anderen, einem Biofeedback-Programm, lernt er seine Alpha-Wellen zu steigern und auf einem hohen Niveau zu halten, vor allem in Streßsituationen. Ausgestattet mit diesen Fertigkeiten, ist er nun imstande, sie auf sein Programm zur Verringerung von Kopfschmerzen anzuwenden.

Problemstellung 1

a. Ihr Ziel: ____

____

b. Nennen Sie den Teil des Plans, der Fähigkeiten oder sonstige Voraussetzungen erfordert, die Sie derzeit nicht besitzen:

____

____

c. Nennen Sie konkret die Fähigkeiten oder sonstigen Voraussetzungen, die Sie entwickeln möchten. Da die Entwicklung von Fähigkeiten ein Ziel ist, sollte Ihre Aussage die Merkmale einer Zielbeschreibung haben:

____

____

d. Skizzieren Sie einen Plan, der Ihnen helfen kann, die nötigen Fähigkeiten zu entwickeln:

____

____

Problemstellung 2

a. Ihr Ziel: ____

____

b. Nennen Sie den Teil des Plans, der Fähigkeiten oder sonstige Voraussetzungen erfordert, die Sie derzeit nicht besitzen:

---

c. Nennen Sie konkret die Fähigkeiten oder sonstigen Voraussetzungen, die Sie entwickeln möchten. Da die Entwicklung von Fähigkeiten ein Ziel ist, sollten Ihre Aussagen die Merkmale eines erreichbaren Ziels haben:

---

d. Skizzieren Sie einen Plan, der Ihnen helfen kann, die nötigen Fähigkeiten zu entwickeln:

Schritt 9: Handlung – Ausführung der Pläne

Ist ein praktikabler Plan entwickelt, um ein Ziel oder Subziel zu realisieren, müssen die Klienten handeln, sie müssen den Plan ausführen. Es gibt eine Reihe von Dingen, mit denen Sie ihnen dabei helfen können. Sie können Klienten helfen, „draußen" zu geschickten Taktikern zu werden. Dann stünde **Taktik** im Vordergrund. Ein Lexikon definiert Taktik in ihrer militärischen Bedeutung als „die Wissenschaft und Kunst des Einsatzes und Verschiebens von Streitkräften in der Schlacht". Das ist keine schlechte Definition, da manchmal das Verwirklichen von Strategien einer Schlacht ähnelt. Allerdings wird Taktik auch als „die Kunst oder Fähigkeit verfügbare Mittel einzusetzen, um ein Ziel zu erreichen" definiert. Wenn Klienten „draußen" sind, werden sie eher Strategien ausführen, wenn sie sich und ihre Programme an sich ändernde Bedingungen anpassen können.

Übung 62: Kraftfeldanalyse – Kräfte erkennen, unterstützen und zurückhalten

In dieser Übung sollen Sie Kräfte im Handlungsfeld erkennen, die die Klienten beim Realisieren von Plänen unterstützen und solche, die sie davon abhalten können. Erstere werden als „unterstützende Kräfte“ bezeichnet, letztere als „hindernde Kräfte“. Das Erstellen von Kraftfeldanalysen dient der Vorbereitung auf das Handeln im Sinne des Sprichwortes „Gefahr erkannt, Gefahr gebannt“.

1. Nennen Sie ein Ziel oder Subziel und den Plan, den Sie formuliert haben, um es zu erreichen.
2. Stellen Sie sich vor, wie Sie tatsächlich versuchen, die Schritte des Plans zu verwirklichen.
3. Stellen Sie die wichtigsten Kräfte fest, die Ihnen bei der Verwirklichung Ihres Ziels oder Subziels im Handlungsfeld helfen.
4. Stellen Sie die wichtigsten Kräfte fest, die Sie an der Erreichung Ihres Ziels oder Subziels hindern.

Beispiel

Martina möchte zu rauchen aufhören. Dazu hat sie einen Stufenplan formuliert. Bevor sie den ersten Schritt unternimmt, macht sie eine Kraftfeldanalyse, um förderliche und hinderliche Kräfte in ihrem täglichen Leben zu erkennen.

Einige Kräfte, die Martina als unterstützend erkennt:

- mein eigener Stolz;
- die Befriedigung zu wissen, daß ich ein mir selbst gemachtes Versprechen einlösen kann;
- das Spannende an einer neuen Strategie, die totale „Neuheit“ daran;
- die Unterstützung und Ermutigung durch meinen Mann und meine Kinder;
- die Unterstützung zweier enger Freunde, die ebenfalls aufhören;
- das gute Gefühl, diesen Mist aus meinem Körper zu haben;
- das gesparte und für vernünftigere Genüsse beiseitegelegte Geld;
- die Fähigkeit zu joggen, ohne zu meinen, sterben zu müssen.

Einige Kräfte, die Martina als hindernd erkennt:

- das Verlangen zu rauchen, das mich überallhin verfolgt;
- andere Leute rauchen sehen;
- Gefahrenzeiten: wenn ich nervös werde, nach Mahlzeiten, wenn ich mich deprimiert und entmutigt fühle, wenn ich sitze und Zeitung lese, wenn ich eine Tasse Kaffee trinke, am Abend beim Fernsehen;
- wenn mir Freunde Zigaretten anbieten;
- wenn die Attraktivität der Strategie nachläßt (das könnte schon ziemlich bald sein);
- gesteigerter Appetit und die Möglichkeit zuzunehmen;
- meine Neigung zur Rationalisierung;
- die Tatsache, daß ich schon mehrmals versucht habe, das Rauchen aufzugeben und es mir nie gelungen ist.

Nun machen Sie das gleiche bei zwei Zielen oder Subzielen, die Sie erreichen wollen:

Situation 1

a. Ein Ziel oder Subziel, das Sie erreichen wollen:

____

____

b. Stellen Sie sich vor, Sie befinden sich im Prozeß der Ausführung eines Plans zur Erreichung des Ziels.

____

____

c. Führen Sie die unterstützenden Kräfte an, die sie „draußen“ erkennen, und die Ihnen helfen oder helfen könnten, den Plan zu verwirklichen.

____

____

d. Führen Sie die hindernden Kräfte an, die am Werk sind und Sie hindern, Ihren Plan auszuführen.

____

____

Situation 2

a. Ein Ziel oder Subziel, das Sie erreichen wollen:

____

____

b. Stellen Sie sich vor, Sie befinden sich im Prozeß der Realisierung eines Plans zur Erreichung des Ziels.

____

____

c. Führen Sie die unterstützenden Kräfte an, die Sie „draußen“ erkennen, und die Ihnen helfen oder helfen könnten, den Plan zu verwirklichen.

____

____

d. Führen Sie die hindernden Kräfte an, die am Werk sind und Sie hindern, Ihren Plan auszuführen.

____

____

Übung 63: Unterstützende Kräfte verstärken

Haben Sie die wesentlichsten unterstützenden und hindernden Kräfte erst einmal identifiziert, so können Sie bestimmen, wie die entscheidenden unterstützenden Kräfte zu verstärken und die hindernden Kräfte zu neutralisieren sind. In dieser Übung sollen Sie sich Wege ausdenken, um entscheidende unterstützende Kräfte zu verstärken.

1. Suchen Sie unterstützende Kräfte, von denen Sie glauben, (a) daß sie sich positiv auf die Realisierung einer Strategie auswirken und (b) daß Sie die Mittel besitzen, sie zu verstärken.
2. Formulieren Sie einen Plan, um eine oder mehrere entscheidende unterstützende Kräfte zu stärken. Wählen Sie solche Kräfte, die mit hoher Wahrscheinlichkeit Auswirkungen auf das Handlungsfeld haben.

Beispiel

Klaus ist Alkoholiker und will mit dem Trinken aufhören. Er tritt den Anonymen Alkoholikern bei. Während eines Treffens bekommt er die Namen und Telephonnummern zweier Leute, die er zu jeder Tages- und Nachtzeit anrufen kann. Er betrachtet das als eine entscheidende förderliche Kraft – ganz einfach zu wissen, daß Hilfe nicht weit ist, wenn er sie braucht. Er möchte diese unterstützende Kraft stärken.

- Da er die Möglichkeit, jederzeit Hilfe bekommen zu können, als eine Form von Abhängigkeit betrachtet, äußert er vor allem seine negativen Gefühle, die er bezüglich dieser Abhängigkeit hat. Während des Gesprächs erkennt er bald, daß dies eine vorübergehende Form von Abhängigkeit ist und daß sie ein **Hilfsmittel** darstellt, um ein wichtiges Ziel zu erreichen: jenes Verhaltensmuster zu entwickeln, das Nüchternheit zur Folge hat.
- Dann ruft er bei diesen Nummern einige Male an, wenn er nicht in Schwierigkeiten ist, bloß damit er sieht, wie das so ist.
- Er steckt die Nummern in seine Geldbörse, er prägt sie sich ein, er schreibt sie auf ein Stück Papier und trägt sie in einem medizinischen Armband, das Leuten, die ihn vielleicht betrunken vorfinden, anzeigt, daß er ein Alkoholiker ist, der sein Problem bewältigen möchte.
- Er ruft die Nummern mehrmals an, wenn sein Verlangen nach Alkohol groß und seine Moral klein ist. Das heißt, er gewöhnt sich daran als ein vorübergehendes Mittel.

Situation 1

a. Beschreiben Sie kurz eine oder zwei unterstützende Schlüsselkräfte aus Situation 1 in Übung 62, die Sie gerne stärken möchten.

____

b. Geben Sie an, wie Sie darangehen wollen, diese Kräfte zu stärken. Was wollen Sie tun?

____

____

Situation 2

a. Beschreiben Sie kurz eine oder zwei unterstützende Schlüsselkräfte aus Situation 2 in Übung 62, die Sie gerne stärken möchten.

____

b. Skizzieren Sie, wie Sie darangehen wollen, diese Kräfte zu stärken. Was wollen Sie tun?

____

____

Übung 64: Die Stärke hindernder Kräfte neutralisieren oder reduzieren

Manchmal, wenn auch nicht immer, ist es hilfreich zu versuchen, die Stärke von entscheidenden hindernden Kräften zu neutralisieren oder zu reduzieren.

1. Stellen Sie entscheidende hindernde Kräfte aus Ihrer Liste in Übung 57 fest, also hindernde Kräfte, (a) die, wenn sie neutralisiert oder reduziert sind, einen entscheidenden Unterschied bei der Ausführung Ihres Plans machen würden und (b), von denen Sie glauben, daß Sie sie neutralisieren oder reduzieren können.
2. Formulieren Sie einen Plan zur Neutralisierung oder Reduktion dieser hindernden Kräfte.

Beispiel

Ingrid erhält Sozialhilfe, doch sie hat das Ziel, einen Job zu bekommen. Teil ihres Plans ist, sich um Vorstellungsgespräche zu bemühen und sie zu führen. Schließlich versäumt sie aber eine Reihe dieser Gespräche. Als sie ihr Verhalten überprüft, merkt sie, daß es zumindest zwei entscheidende hindernde Kräfte gibt. Eine ist, daß sie kein gutes Bild von sich hat. Sie findet sich häßlich und meint, daß ihr die Gesprächspartner keine faire Chance geben – schon wegen ihres Aussehens. Eine andere ist, daß ihr im letzten Moment eine Reihe „wichtiger“ Dinge einfallen, die erledigt werden müssen – zum Beispiel ihre kranke Mutter zu besuchen – bevor sie sonst irgendwie was

tun kann. Sie erledigt diese Dinge, statt zum Vorstellungsgepräch zu gehen.
Wie könnte Ingrid das Problem lösen, sich wegen ihres Äußeren zu schämen?

____

____

Wie könnte Ingrid das Problem lösen, „wichtige" Angelegenheiten dem Besuch von Vorstellungsgesprächen vorzuziehen?

____

____

Situation 1

a. Beschreiben Sie kurz eine oder zwei hindernde Kräfte aus Übung 62, die Sie für entscheidend halten.

____

____

b. Was könnten Sie machen, um diese hindernden Kräfte zu neutralisieren oder zu reduzieren?

____

____

Situation 2

a. Beschreiben Sie kurz eine oder zwei hindernde Schlüsselkräfte aus Übung 62, die Sie für entscheidend halten.

____

____

b. Was könnten Sie machen, um diese hindernden Kräfte zu neutralisieren oder zu reduzieren?

____

____

Übung 65: Hindernisse der Planausführung erkennen – über Ihre Planausführung berichten

Wie schon in einer früheren Übung erwähnt, ist „Gefahr erkannt, Gefahr gebannt" das Motto für die Ausführung eines Plans. Eine Möglichkeit, potentielle Fallstricke zu orten, ist die Kraftfeldanalyse, wie sie in vorangehenden Übungen gezeigt wurde. Ein weiterer Weg ist, sich selbst Rechenschaft zu geben, was Ihnen passieren kann, wenn Sie einen Plan ausführen.

1. Berichten Sie entweder sich selbst oder einem Teilnehmer Ihrer Übungsgruppe über die Schwierigkeiten beim Umsetzen eines Plans oder Subplans.
2. Notieren Sie während des Erzählens die Fallen und Schwierigkeiten, die Sie auf sich zukommen sehen. Eine Falle heißt **Trägheit**, das heißt, Sie fangen gar nicht erst an, einen Schritt Ihres Plans umzusetzen. Eine andere heißt **Entropie**, das heißt Sie lassen den Plan mit der Zeit fallen.
3. Entwerfen Sie einen Subplan, um mit einer wichtigen Schwierigkeit oder Falle fertigzuwerden, die Sie auf sich zukommen sehen.

Beispiel

Justin hat bei der Arbeit eine Vorgesetzte, von der er glaubt, daß sie ihn nicht mag. Er sagt, daß sie ihm immer die schlechtesten Arbeiten zuteilt, ihn bittet, Überstunden zu machen, wenn er lieber nach Hause gehen würde, und auf erniedrigende Weise mit ihm spricht. In der Problem-Explorationsphase der Beratung findet er heraus, daß er wahrscheinlich diese Neigung in ihr verstärkt, indem er sich unterwirft dadurch, daß er zu erkennen gibt, daß er sich verletzt aber hilflos fühlt, und daß es ihm nicht gelingt, sie direkt herauszufordern. Er fühlt sich in der Arbeit so elend, daß er etwas dagegen unternehmen will. Eine Möglichkeit ist, sich in eine andere Abteilung versetzen zu lassen, doch dafür bräuchte er eine Empfehlung seiner unmittelbaren Vorgesetzten. Eine weitere Möglichkeit ist, zu kündigen und anderswo einen Job anzunehmen, doch ist diese Hoffnung in der gegenwärtigen Wirtschaftslage gering. Eine dritte Möglichkeit ist, sich mit seiner Vorgesetzten direkt auseinanderzusetzen. Er setzt sich Ziele bezüglich dieser dritten Möglichkeit.
Ein Ziel ist, ein Gespräch mit der Vorgesetzten anzustreben und ihr klar aber vorwurfslos seine Seite der Geschichte darzustellen und was

er diesbezüglich fühlt. Der Berater bittet ihn zu berichten, wie er seinen Plan ausgeführt hat, um sein Ziel zu erreichen. Zum Beispiel sagt er:
„Ich sehe, wie ich sie um eine Unterredung bitte. Ich sehe mich dabei zögern, weil sie mir auf sarkastische Weise antworten könnte. Auch andere sind für gewöhnlich dabei, und sie könnte mich blamieren und sie werden wissen wollen, was los ist, warum ich sie sprechen will und so..."

„Ich sehe mich in ihrem Büro sitzen. Statt hart zu sein und direkt, bringe ich keinen Ton heraus und bin entschuldigend. Ich vergesse einige Schlüsselaussagen, die ich treffen will. Ich lasse sie einige meiner Beschwerden vom Tisch wischen und sie überhaupt das Gespräch bestimmen..."

Wie kann er sich darauf **vorbereiten**, die Hindernisse oder Schwierigkeiten seiner ersten Aussage zu meistern? Was könnte er dann **in der Situation selbst** tun?

____

____

Wie kann er sich darauf **vorbereiten**, die in der zweiten Aussage erwähnten Fallstricke zu meistern? Was könnte er **in der Situation selbst** tun?

____

____

Situation 1

Denken Sie an einen Plan oder den Teil eines Plans, den Sie realisieren möchten. Stellen Sie sich vor, wie Sie die Stufen des Plans durchschreiten. Welche Hindernisse oder Schwierigkeiten begegnen Ihnen? Notieren Sie diese.

Hindernisse: ________________________________

____

Geben Sie an, wie Sie sich darauf **vorbereiten** können, ein wichtiges Hindernis oder eine Falle zu meistern, und was Sie **in der Situation selbst** tun können.

____

____

Situation 2

Denken Sie an einen anderen Plan oder den Teil eines Plans, den Sie realisieren möchten. Stellen Sie sich vor, wie Sie die Stufen des Plans durchschreiten. Welche Hindernisse oder Schwierigkeiten begegnen Ihnen? Notieren Sie diese.

Hindernisse: ______________________________

____

Geben Sie an, wie Sie sich darauf **vorbereiten** können, ein entscheidendes Hindernis zu meistern, und was Sie **in der Situation selbst** tun können.

____

____

Übung 66: Verhaltensprinzipien: aus dem Mißlingen von Plänen lernen

Wiederholen Sie die Textpassagen über Verhaltensprinzipien, die sich auf die Ausführung von Plänen beziehen. Viele Pläne scheinen deshalb schiefzugehen, weil Prinzipien und Verfahren wie Verstärkung, Löschung, Bestrafung, Shaping und Vermeidung ignoriert oder falsch angewendet werden. In dieser Übung sollen Sie einige Fehlschläge überdenken. Sie sollen sie unter folgenden Verhaltensprinzipien analysieren.

- **Verstärkung:** Gab es genügend Belohnung und Anreiz, um sich für den Plan und jeden seiner Schritte zu engagieren?

Beispiel: Corina wollte einen Collegeabschluß, doch sie hat nie gelernt, sich beim Studieren zu belohnen. Jedes Mal, wenn sie sich an einen Text oder schriftliche Arbeit setzte, litt sie Qualen. Durch bloße

Willenskraft schaffte sie eineinhalb Jahre College. Doch es wurde ihr zu viel, und sie gab auf.

Welche Anreize hätte sie entwickeln können?

- **Bestrafung:** Wurde Bestrafung als Motivation mißbraucht?

Beispiel: Perry versuchte abzunehmen. Jedesmal wenn er mehr aß als seinem Diätplan entsprach, bestrafte er sich, indem er angenehme soziale Kontakte absagte. Das brachte sein gesellschaftliches Leben durcheinander, wirkte sich negativ auf seine Freunde aus und gab ihm ein Gefühl der Isolation. Wenn er sich isoliert fühlte, neigte er dazu, das durch Essen zu kompensieren.

Was hätte er machen können?

- **Löschung:** Wurden die Auswirkungen von Löschung ignoriert?

Beispiel: Lily wollte ernsthaftere Literatur lesen als ihre üblichen Dreigroschenromane. Sie erkennt, daß sie diese Art von Lektüre anfangs wahrscheinlich nicht so lohnend (aufregend) finden würde wie Schundromane. Weder belohnte sie sich, wenn sie tatsächlich ein ernsthaftes Buch las, noch bestrafte sie sich, wenn sie ein ernstes Buch, das sie sich zu lesen vorgenommen hatte, nicht las. Nach einem Jahr stellte sich heraus, daß sie nur ein ernsthaftes Buch ganz gelesen hatte und ein weiteres teilweise.

Was hätte sie tun können?

- **Programmgestaltung (Shaping):** War das Programm schlecht gestaltet in Hinblick auf den Gesamtumfang und die Größe der Schritte des Programms?

Beispiel: Der Arzt sagte Till, daß er der Prototyp eines Herzinfarkt-Kandidaten sei. Er hatte Übergewicht, war schwerer Raucher, er trank zu viel, er betrieb keinen Sport und konnte mit dem Streß bei der

Arbeit und zu Hause nicht gut umgehen. Die Aussagen des Arztes ängstigten ihn. Er hörte zu rauchen auf und begann eine Radikalkur. Er begann mit einem intensiven Trainingsprogramm. Bei der Arbeit und zu Hause wurde er ziemlich zurückhaltend. Er wurde sehr depressiv und in wenigen Wochen kehrte er zu seinem alten Lebensstil zurück.

Was hätte er tun können?

____

____

- **Vermeidung:** Lag mehr Belohnung in der Nichtteilnahme an einem Programm oder Teilen davon als an der Teilnahme?

Beispiel: Gretchen und ihr Mann Hans haben vereinbart, daß sie ihre Probleme unter sich ausdiskutieren wollen, anstatt negative Gefühle solange zurückzuhalten, bis sie ausbrechen. Wenn irgendjemand von beiden etwas tat, das dem anderen auf die Nerven ging, schien es allerdings lohnender oder zumindest weniger verletzend, „es diesmal noch zu vergessen", als darüber zu sprechen. So hatten sie weiterhin ihre periodischen Ausbrüche.

Was hätten sie tun können? ______________________________

____

Übung 67: Die Verhaltensprinzipien zur Unterstützung Ihres Engagements für einen Plan anwenden

In dieser Übung sollen Sie die Verhaltensprinzipien anwenden, um die Durchführung von Plänen, mit denen Sie sich derzeit beschäftigen, zu unterstützen.

Situation 1

Beschreiben Sie kurz das Ziel oder Subziel, das Sie erreichen wollen, und die wichtigsten Elemente des Plans, den Sie formuliert haben, um Ihr Ziel zu erreichen.

a. Wie können Sie das Prinzip der **Verstärkung** einsetzen, um die Wahrscheinlichkeit der wirksamen und engagierten Ausführung Ihres Plans zu steigern? Welche **Anreize** werden Sie motivieren, Ihren Plan zu verfolgen?

b. Wie können Sie Ihr Wissen über **Bestrafung** anwenden, also Selbst-Disziplin auf eine Weise üben, die die Wahrscheinlichkeit der Durchführung des Plans erhöht?

c. Wie können Sie das Prinzip der **Löschung** anwenden, um die Wahrscheinlichkeit zu erhöhen, daß Sie auf Ihrem Plan beharren?

d. Wie können Sie Ihr Wissen über **Programmgestaltung** (Shaping) anwenden, um die Wahrscheinlichkeit zu erhöhen, daß Sie Ihren Plan wirksam verfolgen?

e. Wie können Sie Ihr Wissen über **Vermeidung** anwenden, damit Sie sich so intensiv wie möglich für Ihren Plan engagieren?

Situation 2

Beschreiben Sie kurz ein weiteres Ziel oder Subziel, das Sie zu erreichen versuchen und die Hauptelemente des Plans, den Sie entworfen haben, um es zu erreichen.

____

____

a. Wie können Sie **Verstärkung** einsetzen, um Ihr Engagement für den Plan zu verstärken? Welche **Anreize** werden in Ihrem Fall am wirksamsten sein?

____

____

b. Wie können Sie **Selbst-Bestrafung oder Selbst-Disziplin** unterstützend einsetzen, um Ihr Engagement für den Plan zu intensivieren?

____

____

c. Wie können Sie **Löschung** anwenden, um Ihr Engagement für den Plan zu intensivieren?

____

____

d. Wie können Sie **Programmgestaltung** (Shaping) anwenden, um Ihr Engagement für Ihren Plan zu intensivieren?

____

____

e. Wie können Sie Ihr Wissen über **Vermeidung** anwenden, um Ihr Engagement für Ihren Plan zu intensivieren?

____

____

Übung 68: Die Ausführung eines Plans kontrollieren und bewerten

Einer der Hauptgründe, daß Problemlösungsprozesse scheitern, liegt in fehlender Kontrolle. Das Engagement für einen Plan läßt manchmal nach, ohne daß es bemerkt wird. Das bedeutet, daß in die Plandurchführung selbst keine Kontrolle eingebaut war.
In dieser Übung sollen Sie einen Plan, mit dem Sie derzeit beschäftigt sind, überprüfen und sich Kontrollfragen stellen. Diese Fragen sind:

1. Halten Sie sich daran oder nicht?
   Klient: „Zusammen mit dem Arzt stellte ich eine vernünftige Diät zusammen, doch um ehrlich zu sein, ich habe noch nicht damit begonnen. Ich habe bloß mehr oder weniger versucht, weniger von allem zu essen."
   Berater: „Mit welchen Ergebnissen?"
   Klient: „Weiß ich nicht genau. Ich habe es nicht wirklich überprüft."
2. Wenn Sie sich daran halten, wie genau halten Sie sich daran? Was machen Sie? Was gelingt Ihnen nicht?
   Todd und Sue hatten vereinbart, kleine Unstimmigkeiten miteinander auszudiskutieren, statt vor sich herzuschieben. Sue sagte, daß sie sich daran halte, außer wenn sie sich verletzt fühlt. Todd sagte, daß er sich daran halte, außer wenn er die Angelegenheit für zu nichtig halte, um darüber zu diskutieren. Deshalb engagierte sich keiner **voll** für den Plan.
3. In welcher Weise ist Kontrolle ins Programm selbst eingebaut?
   Das Personal eines Rehabilitationszentrums hielt wöchentliche Konferenzen mit Roberta ab, um ihre Fortschritte in der Physikotherapie des Rehabilitationsprogramms zu besprechen. Sie kontrollierte ihren physiologischen Fortschritt durch wöchentliche Sitzungen mit einem Berater. Mit ihm überdachte sie die Aufgaben, die sie sich im vorhergehenden Treffen gestellt hatte. Zum Beispiel besprach sie mit ihm ihre Neigung, sich auf selbstzerstörerische Selbstgespräche einzulassen.
4. Bestehen klare Hinweise, daß Sie durch die Realisierung Ihres Plans Ihrem Ziel oder Subziel näherkommen? Nennen Sie diese.
   Sue und Todd entdeckten, daß sich die Zahl der Streite und Auseinandersetzungen pro Woche tatsächlich verringerte. Sie stellten auch fest, daß ihre Kämpfe nicht mehr so heftig waren wie früher. Sie stritten fairer miteinander.

5. Wenn ein Ziel ganz oder teilweise erreicht wurde, hat das zu einer Art wirksamen Problemlösung der ursprünglichen Problemstellung geführt, oder wird es noch dazu führen?
Jasons ursprüngliches Problem war ein schlechtes Bild von sich selbst. Das schloß negative Gefühle bezüglich seines Aussehens ein. Da er hohes Übergewicht hatte, war eines der Ziele abzunehmen. Er nahm erfolgreich an einem Abnehm-Programm teil. Als er stark abnahm, begann er sich in zweierlei Hinsicht besser zu fühlen. Er fühlte sich besser bezüglich seines äußeren Erscheinungsbilds. Und er sah sich nun selbst mehr als ein Handelnder als ein Opfer. Er befand sich auf dem Weg, sein schlechtes Bild von sich selbst zu überwinden.

Stellen Sie dieselben Fragen in bezug auf einen Handlungsplan, auf den Sie sich gegenwärtig eingelassen haben.

a. Eine Zusammenfassung Ihrer Ziele und Ihres Handlungsplans:

____

____

b. Führen Sie den Plan aus oder nicht?

____

c. Wenn Sie ihn ausführen, in welchem Ausmaß machen Sie das? Was tun Sie? Was gelingt Ihnen nicht?

____

____

d. Welche Änderungen – falls überhaupt – müssen an Ihrem Plan vorgenommen werden?

____

____

e. Wie ist Kontrolle in Ihren Plan eingebaut?

f. Wie können Sie Ihr Engagement für den Plan wirksamer kontrollieren?

g. Gibt es klare Hinweise, daß Sie mit der Ausführung dieses Plans Ihrem Ziel oder Subziel näherkommen? Nennen Sie diese.

h. Welche Veränderungen – falls überhaupt – müssen Sie an Ihrer Wunschvorstellung und an Ihren Zielen vornehmen?

i. Wenn Ihr Ziel ganz oder teilweise erreicht wurde, hat das zu einer wirksamen Problemlösung der ursprünglichen Problemstellung oder Teilen davon geführt, oder wird es noch dazu führen? Woraus leiten Sie das ab?

j. Welche Wiederholung des Problemlösungsprozesses wäre an diesem Punkt sinnvoll?